잘 죽는다는 것

LIVING IN THE LIGHT OF DEATH
by Larry Rosenberg
© 2000 by Larry Rosenberg
Korean translation copyright ⓒ 나무를 심는 사람들, 2017

Published by arrangement with Shambhala Publications, Inc.,
Boulder through Sibylle Books Literary Agency, Seoul

잘 죽는다는 것

누구나 바라지만 쉽게 얻어지지 않는 삶의 기술

세계적 명상 지도자
래리 로젠버그 지음

임희근 옮김

나무를 심는 사람들

내게 아주 소중했던 세 사람이 이 책이 나오기 전에 세상을 떠났습니다. 우리 부모님 네이선 로젠버그와 애너 로젠버그, 그리고 내 의붓딸(아내의 딸) 이리나 모이시브. 이 글에 공덕이 있다면 그들에게 바칩니다. 그들이 떠난 여행길에 이 책이 조금이라도 도움이 되기를.

우리가 수행하는 하나의 목적은 노년을 즐기자는 것이다. 그러나 우리는 스스로를 속일 수 없다. 오직 성실한 수행만이 답이다.

—슌류 스즈키 로시

병의 고통에서 벗어날 좋은 약을 만들자.

—경허 선사

사람은 삶의 기술을 배움으로써, 죽는 기술을 배운다. 즉 지금 이 순간의 주인이 되는 법을.

—S. N. 고엔까

태어남, 늙어 감, 죽음이 고통이라고들 말한다. 그러나 '나의 태어남', '나의 늙어 감', '나의 죽음'에 대한 집착이 없을 때는 어느 것도 고통이 아니다. 지금 이 순간, 우리는 생로병사를 '내 것'으로 꽉 붙들고 있다. 만약 내가 붙들지 않는다면, 생로병사는 고통이 아니며, 그저 몸의 변화일 뿐이다.

—아잔 붓다다사

차례

왜 죽음을 생각하며 살아야 하는가

"이미 죽은 것처럼 산다." "지금 사는 삶은 덤으로 산다."

죽음 가까이 갔던 분들의 공통된 삶의 태도이다. 아무리 힘든 일도 죽음에 비하면 대수롭지 않다는 자세로 감사와 나눔의 삶을 살아간다.

스티브 잡스가 매일 아침 거울을 보면서 자신에게 다음과 같은 질문을 했다고 한다.

"오늘이 내 인생의 마지막 날이라면 지금 하려고 하는 일을 할 것인가?"

삶과 죽음은 거대한 일이다. 그래서 옛 선사들은 '생사대사,' '일대사인연'이란 말로 마음 수행의 중요성을 역설했다.

래리는 서양의 일 세대 명상 지도자이다. 그는 이 책에서 붓다의 죽음에 대한 가르침을 자신의 삶 속에서 깊이 체화한 경험들을 재미있게 풀어낸다. 동양의 선 스승인 숭산 스님, 슌류 스즈키, 남방의 명상 스승인 아잔 붓다다사, 고엔까, 아잔 마하 부와, 그리고 인도의 크리슈나무르티 등 이 시대의 기라성 같은 선지식들과의 만남을 통해서 얻은 죽음의 가르침을 편안하게 나누면서 마음 수행의 요결을 정리해 준다.

늙고, 병들고, 죽어 가는 것을 친밀하게 기꺼이 마주하고, 생의 마지막 숨이 멈출 순간까지 사랑과 미소 가득한 깨어 있음의 빛을 나눌 수 있도록, 지금 여기에서 죽음을 직면할 수 있도록, "한결같은 깨어 있음의 힘을 길러라."라고 간절히 말한다.

'삶과 죽음의 친밀함'에 접근하는 방법을 진지하게 탐구하고자 하는 분들에게 이 책을 권한다.

상도선원 선원장 미산 스님

제
1
장

죽음은 그런 것이 아니다

일러두기

1. 이 책은 원서의 표기 원칙에 따라 산스크리트어와 빠알리어를 혼용하였습니다.
2. 우리 독자에게 친숙한 경전이나 불교 용어의 경우 한자식 표기를 우선 적용하였습니다.
3. 인용 도서의 경우 출간년도, 출판사 정보는 생략하였습니다.
4. sati, mindfulness, awareness 등의 용어는 사띠, 알아차림, 깨어 있음, 마음챙김 등의 용어를 문맥에 맞게 혼용하였습니다.
5. 이 책은 띄어쓰기를 원칙으로 하였으나 몇몇 관용적으로 쓰이는 불교 용어는 붙여쓰기를 하였습니다.
6. 성철 스님의 법문 인용은 원서 내용이 아닌 1990년 신년법어 내용을 그대로 실었습니다.

늙고, 병들고, 죽는 것은 이를 이해하는 사람들에게는 성스러운 진리이자 보물이다. 만약 이들이 사람이라면 나는 매일 그 발치에 머리를 조아려 절할 것이다.   -아잔 리

노화에 관해 내가 가장 기억할 만한 배움을 체험한 것은 나 자신이 아직 젊을 때인 30대 초반이었다. 그때 나는 대학원까지 마치고 대학에서 강의를 했지만 교수라는 직업에 너무 많이 실망했다. 아마도 기대가 너무 컸기 때문이리라.

그 시점에 나는 다행히도 첫 정신적 스승인 크리슈나무르티를 만났고, 나의 진짜 관심은 성공이 아니라 제대로 정신 차리는 일임을 알았다. 그때부터 나는 내적 탐색을 시작했고 몇 가지 강력한 체험을 하여, 오로지 지식만을 다루는 작업에 대해 갖고 있던 견해를 바꾸게 되었다.

크리슈나무르티는 '진리란 길 없는 길'이라는 말로 유명하다. 그러나 나는 얼마 안 가서 길이, 그리고 규율이 필요하다는 걸 알았다. 그래서 요가를 시작했다. 어느 해 여름, 나는 캐나다에 있는 한 아쉬람에서 요가 캠프에 참가 중이었다. 그곳에서 어떻게 품위 있게 죽어 갈지를 가르쳐 준, 내게 아주 중요한 사람이 될 노인을 만났다. 그의 이름은 시와

난다 사라스와티이고 당시 86세였지만 도저히 그 나이로는 보이지 않았다.

그는 지극히 존엄한 자세와 청수한 안색, 그리고 엄청난 에너지를 지니고 있었다. 그는 캠프의 요가 선생님은 아니었지만 우리에게 몇 가지 요가 자세를 보여 주었다. 그는 당시 인도 히말라야 부근에 살고 있었으며, 종신 승려이자 힌두교의 한 학파인 베단타(우리나라에서 굳어진 표기를 우선하였다. - 옮긴이)의 스승이었다. 그에게는 북아메리카에 수년간 편지로 지도해 온 제자 넷이 있었는데, 그들이 돈을 모아 그를 미 대륙으로 초청했다. 그는 제자들을 보기 위해 두루 여행하는 중이었다. 그 제자 중 하나가 캐나다 사람이어서, 시와난다 사라스와티가 그 아쉬람에 있게 된 것이었다.

그곳에 있던 다른 스승들보다 더 흥미로운 사람 같아서, 나는 대부분의 시간을 그와 함께 보냈다. 그는 분명 내게 가르쳐 줄 것이 아주 많아 보였다. 우리는 그레이하운드 고속버스를 타고 중간중간 지인의 집에 들러 가며 여행을 했고 나는 그의 조수 노릇을 했다. 그래서 그를 상당히 잘 알게 되었다.

나는 그 당시 아직 명상을 많이 하지 않았을 때였지만, 그는 맹렬한 명상가였다. 새벽 두세 시면 간밤에 몇 시에 잠자리에 들었건 벌떡 일어나 명상을 시작하곤 했다. 심지어 먼저 몸부터 씻지도 않았다. 그는 바로 거기, 침대 위에서 몇 시간을 앉아 있다가는 너무나 당연하다는 듯이 눈을 뜨고 대화를 하고, 하루를 보낼 준비를 했다.

사라스와티는 청년 시절에 힌두교 베단타 전통의 승려가 되어 마음 수행을 매우 진지하게 받아들이는 사람들에게 둘러싸여 살아왔다. 그들은 해탈만이 삶에서 단 한 가지 중요한 일이라고 생각했고, 몸을 정신 계발에 장애가 되는 것이라고 보았다. 그렇지만 사라스와티가 말하기를, 그들은 꽤나 자주 병에 걸려 여행이 더 힘들어졌다는 것이다.

그가 보기엔 그들이 옳은 것 같지 않아서, 그는 하타 요가와 올바른 호흡과 식이요법을 공부하기 시작했다. 그렇다고 그가 승려로서의 삶을 포기한 것은 아니었다. 몸을 돌보는 것이 좀 더 효과적으로 수행할 수 있도록 해 준다고 생각했을 뿐이었다.

몸을 잘 돌본다는 것

그는 당시 중도를 수행하고 가르치고 있었다. 즉 명상에 지나치게 빠져 몸을 소홀히 하지도 말고, 몸에 지나치게 빠져 정말 중요한 것을 소홀히 하지도 말라는 것이 중도였다. 그는 어리석지 않았고, 몸에 관한 한 아무 보장이 없다는 것을 알고 있었다. 나는 그가 한 말을 결코 잊지 않았다.

"당신이 몸을 돌보고 몸을 이해하게 된다면, 상대적으로 고통이 적은 노년을 보내게 될 것이다."

그의 말은 노년이 젊었을 때와 똑같을 것이라는 뜻이 아니다. 그의 기력은 이삼십 년 전만 못 했지만 상대적으로 고통이 없어서, 내가 성장하며 주위에서 본 다른 노인들과 현격한 대조를 이루었다. 그는 가장 깊은 정신적 깨달음은 일흔 살 넘어서 왔다고 했다. 많은 욕망이 자연스럽게 떨어져 나갔는데도 그는 여전히 에너지로 충만했다. 그 자체가 자기 건강을 돌보아야 할 좋은 이유인 듯했다.

붓다는 그의 가르침에서, 사람 몸을 받는다는 것이 드문 일이며 마음 수행에 이상적인 조건이라고 강조했다. 인간보다 높은 천상 영역은 너무나 복에 겨워 수행해야겠다는 동기가 그리 많지 않고, 지옥 영역은 너무 끔찍해서 수행 에너지를 압도해 버린다. 그러나 인간 세상은 지극한 행복과 고통이 이상적으로 섞인 상태다. 우리가 장수(長壽)에 대한 강박만 없다면 인간 모습으로 태어나려고 노력하는 것은 당연하다.

시와난다 사라스와티는 그가 끊임없이 ('내' 몸에 반대되는 뜻으로) '그' 몸이라고 언급한 것을 잘 돌보는 일에 대해 내게 많은 가르침을 주었다. 그는 몸을 돌보는 것이 가장 기본적인 알아차림 수행임을 가르쳐 주었다. 그에겐 지켜야 할 기나긴 목록 같은 것이라곤 없었고 그저 자기 삶을 살면서, 사물들이 그에게 어떤 영향을 주는지를 보았다. 너무 많이 먹는 것은 어떤지, 너무 적게 먹는 것은 어떤지, 너무 많이 마시면 어떤지, 충분히 마시지 않으면 어떤지, 지나치게 많이 자면 어떤지, 충분히 못 자면 어떤지, 마음이 좀 더 깨어 있으려면 어떤 음식이 도움 되는지, 어떤 음식을 먹으면 마음이 동요되거나 멍청해지는지를 그는 보았다. 자기의 신체적 안녕과 정신적 명징함에 다양한 행동들이 미치는 영향을 그는 지켜보았다. 그는 지극히 깔끔했고 몸을 깨끗하게 하기 위한 요가 수행을 했지만, 한 번도 그런 수행을 의무적으로 해치워야 할 따분한 일로 보지 않았다. 그는 수행에서 기쁨을 얻었다.

그 모든 것은 크리슈나무르티가 말한 바와 많이 다르지 않았다. 우리의 삶은 수행과 수행 아님, 몸 돌봄과 마음 돌봄으로 나뉘지 않는다. 그것은 하나의 흠 없는 그물이며, 알아차림이 그 열쇠다. 크리슈나무르

잘 죽는다는 것

티 자신은 몸의 건강 이야기를 할 때 기사와 그의 말에 대한 비유를 썼다. 말할 나위도 없이, 만약 이 말을 전장에 몰고 나갈 거라면 그 말을 돌보고 싶을 것이다. 당신의 삶이 그에 달려 있다. 이런 정신으로 당신은 몸을 돌보는 것이다. "당신의 육체적인 몸이 진짜 당신은 아닐지도 모른다. 그러나 몸을 돌보지 않고는 잘 살 수 없다."라고 크리슈나무르티는 말하곤 했다.

어린 시절부터, 처음에는 뉴욕의 이스트사이드 남쪽에서, 그다음엔 뉴욕시 브루클린에서 자라면서 나는 노인들 그리고 노화라는 주제에 관심을 기울여 왔다. 그 이유는 확실히 모르겠다. 내가 어릴 때 우리 할아버지, 할머니가 집에 같이 사셨고, 난 그분들이 좋았다. 특히 할머니가 좋았다. 브루클린에 살던 이웃들로 말하자면, 나이 든 분들이 사실상 날 에워싸고 있다시피 했다. 그러나 그 노인들은 특별히 행복한 집단은 아니었다. 그들은 걱정 많고 쓸쓸해 보였으며, 참을성이 없을 때도 많았다. 그들은 다행히도 그런 품성을 놀라우리만치 말도 안 되는 익살로써 절제했다.

처음에 내 주위에 있었던 것은 러시아 출신 유대인들의 공동체였다. 주변에 이탈리아 출신 이민자들과 아일랜드인 노동자들도 몇 명 있기는 했다. 이 세 집단은 서로 불화하며 살았다. 유대인 공동체에서 노인들끼리 나누는 이야기는 주로 건강에 대한 것이거나 혹은 좀 더 특별하게 들어가 보면 건강하지 못하다는 이야기였다. 병과 약과 수술, 그리고 어떤 치료가 효험이 있는가 하는 끝도 없는 이야기들… 어떤 변화가 있었는지까지도 시시콜콜히 다 들었다. 그것은 아주 눈여겨볼 만했고, 때로는 의학도로부터 얻는 지식보다 더 상세한 내용까지 얻어든

기도 했다. 그러나 그 모든 병에 대한 이야기는 어린아이가 듣기에는 그리 특별히 즐길 만한 내용이 아니었다.

친구와 나는 코니아일랜드에 있는, 판자를 깔아 만든 길에서 놀곤 했다. 우리는 흘깃흘깃 귀에 들리는 노인들의 이야기를 들으면서 길 따라 죽 걸으며, 그걸 주제로 대화를 하곤 했다. 우리가 듣는 내용은 푸념 같은 것들이어서 하나의 쓰디쓴 한탄으로 줄줄이 엮인 얘기이기 일쑤였다. 주제는 노년과 질병에 관한 것이었다.

그렇지만 가끔 그 규칙에 어긋난 사례들을 마주치곤 했는데, 그런 분들은 정말로 특이해 보였다. 많이 나이 들어 보였지만 그런데도 자기 몫에 만족한 것 같아 보이는, 눈이 반짝반짝 빛나고 쾌활한, 생명력 넘치는 분들. 멋있게 나이 들어가는 그런 분들이었다. 그들의 비결이 무엇일까 궁금했다.

그 시절 난 야구를 좋아했고, 필라델피아 선수단 코니 맥 감독에게 홀딱 빠져 있었다. 야구선수들은 투박하며 시끄럽고 흥분 잘 하고 입이 거칠었는데, 선수 대기석 한가운데에 조끼까지 갖춰 입은 정장 차림을 한 남달리 점잖았던 그는, 80대의 나이에도 그때까지 건강하게 잘 살아온 것 같았다. 다른 감독들이 그랬듯이 코니 맥도 심판들의 판정에 불복하곤 했지만, 다른 감독들이 발로 흙바닥을 차며 대기석을 벗어나 꽥꽥 소리 지를 때, 그는 그곳에서 점잖게 걸어 나오며 자기 의견을 말하고 나서 - 물론 말다툼에서 지고 - 그 다음엔 다시 돌아서서 제자리로 가곤 했다. 나는 그가 대기석에 나올 때면 야구 경기에 관해선 깡그리 잊고 그에게 홀딱 빠져서 지켜보았다.

얼마만큼의 시간이 남아 있는지 우리는 모른다

내가 어릴 때는 기억할 만한 죽음과의 만남이 아무것도 없었다. 사실 죽음과 나 사이에는 보호막이 쳐져 있었다. 내가 처음으로 진짜 죽음과 대면한 것은 군대에 가서였다. 나는 그리 열성적인 군인이 아니었다. 징집되어 억지로 간 군대였지만, 일단 징집된 바엔 기꺼이 복무할 태세를 잘 갖추고 있었다. 기초 훈련에 돌입하자, 놀랍게도 내가 그걸 즐기고 있음을 알았다. 난 어린 시절부터 운동을 해 왔던지라 신체 단련을 좋아했다. 심지어 삼각대 위에 고정하고 두 사람이 쏘게 돼 있는 기관총을 쏘면, 힘이 솟고 흥분을 느끼기까지 했다. 그건 신나는 일이었다. 다시 어린아이가 되어 병정놀이를 하는 것 같았다.

그러나 우린 지금 놀이를 하고 있는 게 아니라는 것을 곧 알게 되었다. 독일에서 작전을 수행하러 나갈 때면 숲속 깊이 자란 덤불 속에 천막을 치라는 명령을 받았다. 왜냐하면 우리가 있던 곳엔 번듯한 도로가 많지 않아 종종 트럭들이 부대를 그냥 지나다니곤 했고, 군인들은 차가 지나다니는 길바닥에 있고 싶어 하지 않았기 때문이다. 어느 날 밤 우리가 잠자리에 든 뒤에 너무나도 끔찍한 비명이 들렸다. 동료 군인 두세 명이 충분히 깊은 숲속에 천막을 치지 못했는데, 트럭이 그리로 지나가면서 군인들을 친 것이다. 그중 한 사람은 즉사했고 다른 사람은 정신병자가 되었다. 우리는 그를 다시는 보지 못했다.

나는 우리가 병정놀이를 하고 있는 어린애들이 아니라는 사실을 실감했다. 우리는 전투를 준비해야 하는 성인들이었다. 내가 죽음을 맞을 수도 있고 다른 사람을 죽일 준비가 되어 있어야 했다. 그런 상황이 행복하지 않다는 것을 난 알았다. 난 언제나 도덕적이고 정신적인 것들에 관심이 많았다. 말하자면 간디 같은 인물이 내 젊은 시절의 영웅이었다. 그러나 내 안에는 다분히 공격적인 성향도 있었다. 나는 기관총 쏘는 일을 정말 즐겼다. 하지만 사람이 죽는 걸 보는 일이나 죽음에 직면하는 일은 즐겁지 않았다. 나는 차츰 내가 오직 비폭력적인 방식으로만 군 복무를 할 수 있다고 확신하게 되었다.

웨스트포인트 사관학교 졸업생이자 역전의 용사인 우리 중대장을 찾아갔다. 나는 그에게 솔직하게 털어놓고 말했다. 의무대에서 복무할 수만 있다면 난 이상적인 군인이 될 거라고. 그는 내 말에 귀 기울여 주고 내게 친근하게 질문도 했다. 마침내 그는 승낙했고, 내가 의무병으로 옮겨 갈 수 있게 일처리를 해 주었다. 나는 군복무를 마쳤고, 내가 좋은 군인이었다고 믿는다. 그러나 난 삶이 얼마나 소중한지 깊이 실감했으며, 누군가의 삶을 빼앗는 일에 동참하지 않겠다고 결심했다.

시와난다 사라스와티를 만난 지 얼마 안 되어 나는 또 한 사람의 스승을 만났는데, 그는 내가 노화와 죽음 알아차림을 공부하는 데 깊은 영향을 주었다. 어떤 주요한 경험 때문이었다. 나는 강연을 할 때 그를 '바다라야냐'로 지칭하면서 절대로 그 스승의 정체를 밝히지 않았는데, 그 이유는 그가 자기 정체를 밝히지 말아 달라고 특별히 당부했기 때문이다.

그는 세상에 알려지거나 많은 사람들을 가르치고 싶다는 마음이 전혀 없었다. 내가 그를 알게 됐을 때 그에게는 단 네 명의 제자만 있었지만, 제자들 모두가 잠재적 스승이며 그들을 통해 더 많은 사람들에게 자신의 말이 퍼질 것임을 그는 알았다.

나는 그 시절 아직 대학교수였지만, 내가 동양 전통에서 배운 것의 일부를 내 연구 작업에 적용하려고 노력하고 있었다. 바다라야냐는 내가 하는 대중 강연에 참석했고, 계속해서 자신이 힌두교와 불교의 계율을 지키며 사는 데에 아주 많은 경험이 있다면서 헌신적으로 스승 역할을 해 주었다. 처음에는 미심쩍었지만, 그는 어떤 보수도 요청하는 법이 없었고 그의 가르침은 상당히 진정성 있어 보였다. 그가 가르친 것은 주로 건강과 요가의 영역이었고 명상은 그다지 아니었다.

우리는 여러 해 동안 같이 있었다. 한번은 그가 제안하기를, 내가 얼마 동안 머문 적이 있는, 해안에 위치한 멕시코의 소도시 지후아테네호에 가서 집중하여 공부하자는 것이었다. 우리는 그곳에 4개월간 머물며 요가 수련과 공부를 했다.

어느 날 저녁 내가 우리 오두막집에 앉아 책을 읽고 있는데 바다라야냐가 몹시 흥분해서 나타나더니, 내게 중요한 기회가 왔다고 말했다. 한 멕시코 농부가 술을 마시고 바다에 빠졌는데 그 시신이 통 발견되지 않다가 그날 오후 해안에 떠내려 왔다는 것이었다. 그의 담당 신부가 장례를 치르러 멕시코시티에서 다음 날 오기로 되어 있었지만, 내가 결코 이해 못할 어떤 종교적 이유로 인해 그곳 주민들이 시신을 지키며 함께 앉아 있고 싶어 하지 않았다. 마을 사람들은 누군가 시신과 함께 있어 줄 사람이 있었으면 했다. 그래서 그 마을에 머물고 있던 국외자인 우리 두 사람을 생각한 것이다.

나는 그가 그렇게 열광하는 게 이해가 안 되었고, 우리가 시체를 안치한 방에 도착했을 때는 더욱 더 그랬다. 시신은 얼음을 채운 커다란 상자 속에 있었다. 언뜻 봐도 그 남자는 생전에 몸집이 컸던 사람이었던 것 같았다. 시신은 물에 퉁퉁 불어 더욱 커졌고 이목구비는 일그러졌으며 피부는 푸르뎅뎅해지고 있었다. 불쾌한 냄새가 물씬 풍겼다. 심지어 방에 들어가는 것조차도 힘들었다. 그런데 우리는 거기에 밤새도록 있겠다고 했던 것이다.

바다라야냐는 시신이 안치된 관 한 곁에, 나는 반대쪽에 앉았다. 곧 그가 가르침을 시작했다.

"이 사람이 생기 가득하던 게 얼마 전의 일이다. 이제 그를 바라보자."

난 물론 심한 역겨움을 느꼈다. 그렇지만 바다라야냐가 나를 내내 지켜보며 내가 이 현상과 대면해야 한다고, 이 현상이 어떻게 되는지 보아야 한다고 주장했다. 두려움이 들었다. 욕지기가 났다. 혐오감이 들었다. 방에서 확 나가 버리고 싶다는 마음이 강하게 들었다. 이 모든 상황 속으로 나를 밀어 넣은 바다라야냐에게 화가 났다.

우리는 얼마 동안 말없이 있었는데, 간혹 그가 나의 상태를 보고 지금 진짜로 뭘 체험하고 있는 거냐고 묻곤 했다. 그게 우리가 한 일 중에 가장 가치 있는 부분이었다. 그는 또 좀 더 직접적인 가르침도 주었다.

"이 사람은 한때 살아 있었다. 이제는 죽은 살덩어리다. 우리도 그 법칙성에 좌우된다. 네가 이 사실을 볼 때 어떤 일이 일어나는가?"

나는 너무나 괴롭다고 말했다. 그걸 곰곰이 생각하고 싶지도 않았다.

"아니, 아니." 그는 말했다. "이 사람은 우리에게 어떤 가르침이다. 더 없이 가치 있는 가르침."

내가 바다라야냐의 말뜻을 완전히 이해했다고는 할 수 없었지만, 차츰 거기 앉아 있는 것이 좀 더 편안해졌고, 평정심도 어느 정도는 생겼다. 그러나 여전히 언제라도 그 방을 나갔으면 정말 좋겠다 싶은 마음이었다.

마침내 바다라야냐가 말했다.

"내가 여기 오는 일에 왜 그렇게 열심이었을까?"

난 삶이 얼마나 소중한지를 우리에게 보여 주기 위해서라고 말했다.

"그렇지. 하지만 좀 더 깊이 들어가 봐. 이건 아주 좋은 수행이야. 우리에게 시간이 많지 않다는 걸 보여 주잖아. 우리에게 얼마나 시간이 남아 있는지를 우리가 모른다는 사실을 말이야. 이 사람은 죽을 때 자기가 죽을 거라는 걸 몰랐어. 삶은 그저 삶이라서 소중한 게 아니라, 수행할 기회라서 소중한 거야. 그게 이 사람이 우리에게 주는 마지막 선물이지. 그는 마음 수행의 강한 동기를 우리에게 주고 있어."

때가 되면 잘 대처할 수 있을 거라는 착각

요가 수행은 몸이 어떻게 나이 들어갈 것인지에 관해 불교보다 더 많은 가르침을 내게 주었다. 불교는 몸이 실체가 있는 것이 아니고 우리의 진짜 모습이 아니라고 보기에, 몸의 참 본성을 내밀하게 체험하는 데에 좀 더 관심을 둔다. 붓다는 걷기, 소식(小食), 건강한 호흡이 몸에 좋다는 것을 잘 알고 있었지만, 이것들을 1차적으로 내세우지는 않았다. 몇 년 후 태국에서 나의 스승 중 한 분이었던 아잔 붓다다사는 말하기를, 요가의 이해와 수행이 어쩌면 붓다 당시의 수행자들 사이에서는 당연한 것으로 받아들여졌을 수도 있다는 것이다. 요가는 고대 인도의 정신문화의 일부였다.

불교는 죽음을 알아차리는 수행 속으로 깊이 들어간다. 예컨대 공동 묘지에서 하는 명상은 『사념처경』에 포함된다. 나는 『사념처경』이 위빠사나 명상가들을 위한 독립 선언이라고 생각한다. 이 경전은 몸과 마음이 이어지는 과정의 알아차림을 깊이 확립하면 우리가 고통으로부터 해방될 수 있다고 과감하게 선언한다.

불교 수행에 입문하면서 나는 태국, 스리랑카, 미얀마의 수행승들과 함께 나 자신의 죽음에 대해 조금씩 명상하기 시작했다. '죽음 알아차림'은 이 나라들에서 크게 존중받고 높은 가치가 인정되는 기준으로, 명상가들은 흔히 이를 수행한다. 미국의 스승들이 죽음에 대한 알아차림을 강조하지 않았기 때문에 미국에서는 이 수행이 그리 유행하지 않았다. 그러나 분명 죽음에 대한 알아차림은 정말 가치 있으며, 나는 차츰 여러 가지 이유로 이를 내 가르침 속에 끌어들였다.

한 가지 명심해 둘 것은, 제자들과 내가 결코 젊어지고 있는 게 아니라는 점이다. 이 주제는 자연스레 우리 의식의 일부 그 이상이 되었다. 몇 년 전 우리 아버지의 죽음도 내게 중요한 영향을 주었다. 아버지는 독특한 개성으로 가득 찬 사람이었는데 갑자기 시신이 되어 있었다. 그 뒤엔 납골함에 담긴 얼마간의 재가 되어, 나는 한동안 내가 명상하는 곳에 아버지의 납골함을 모셔 두었다. 이제 그는 그의 재가 뿌려진 대서양의 일부분이 되었다. 물론 가장 중요한 사실은 그가 내 아버지였다는 것이다. 우리 부자는 내내 그럴 수 없이 가까웠고 난 그를 사랑했다.

크리슈나무르티의 죽음도 내게 엄청난 영향을 미쳤다. 나는 그를 깊이 사랑했고 따랐다. 그의 명징하고 강력한 가르침 때문이었다. 그는 온화했고 인격적으로 겸손한 사람이었지만, 말할 때는 불 같았다. 마치 신이 그의 입을 통해 말하고 있는 듯했다. 그랬지만 그도 이 피할 수 없는 죽음의 법칙을 비껴가지는 못했다. 괄목할 만한 그의 활기는 모두 사라졌다.

나는 죽음 알아차림을 가르치기 시작했지만, 이를 사람들에게 어떻게 소개할지 그 방식에 대해서는 조심스러웠다. 처음 가르칠 때는 한 학생이 그야말로 공황 상태에 빠진 듯 충격을 받고 교실에서 뛰쳐나갔다. 그는 체구가 크고 건장한 남학생이었다. 그 이후 더 조심스러워졌다. 확실히 죽음 알아차림 수행이란 누구나 할 만한 것은 아니며, 언제 어디서나 하기에 적절한 것도 아니다. 학생이 준비되어 있을 때, 여법한 수행에 들어가겠다는 결의를 더욱 굳게 만들 수 있을 때에만 도움 되는 가르침인 것이다.

조만간 우리는 모두 죽음이라는 사실과 직면해야만 한다. 우리는 삶과 죽음을 상반된 것으로, 삶은 지금 일어나는 것이고 죽음은 아주 기나긴 길의 끝에나 일어날 어떤 일이라고 생각한다. 이런 태도에는 어떤 무의식 속의 오만이 있다. 남들은 늙고 병이 들고 죽거나 이미 죽었겠지만, 나는 살아 있고 멀쩡하고 (상대적으로) 젊으며 그런 문제들은 언젠가 때가 되면 잘 대처할 것이라는 무의식적 오만함 말이다.

미국 문화는 이 점에서 특히 탓할 만하다. 우리는 젊은이들을 각광받는 무대에 세우며 아픈 사람들은 병원에, 노인들은 양로원에 둔다. 우리는 고인들을 장의사에서 위생적으로 처리하여 그들이 더 매력적이고 살아 있는 듯이 보이도록 애를 쓰며 죽음을 의식에서 몰아내려고 노력한다.

우리는 종종 삶은 지금 일어나는 것이고

죽음은 아주 기나긴 길의 끝에나 일어날

어떤 일이라고 생각한다. 이런 태도에는

어떤 무의식 속의 오만이 있다.

남들은 늙고 병이 들고 죽거나 이미 죽었겠지만,

나는 살아 있고 멀쩡하고 (상대적으로) 젊으며

그런 문제들은 언젠가 때가 되면

잘 대처할 것이라는 무의식적 오만함 말이다.

우리는 물질적 소유, 지식, 칭호, 땅, 친구들, 연인을 얻는 데 있는 힘을 다 쏟는다. 우리는 이런 것들을 그 자체로서 원한다고 생각하지만 사실은 우리의 자아의식을 만들고 드높이기 위해 그것들을 사용하고 있는 것이다. 이렇게 취하기만 하는 삶은 노화와 죽음이라는 근본 현실에서 우리를 차단하는 것 같다. 우리가 가진 물건들을 우리라고 생각하게끔 되어 버렸다.

진실은 우리가 태어나는 순간부터 나이 들어가고 있다는 것, 언제 병들지, 언제 죽을지 모른다는 것이다. 한 번 더 숨 쉬리라는 보장이 확실한 사람은 아무도 없다. 죽음은 우리가 누구라는 의식, 우리가 자아라고 확인하는 모든 것을 포함해 우리가 얻은 모든 것을 다 앗아갈 것이다.

죽음은 길 끝에서 우리를 기다려 주지 않는다. 죽음은 내내 우리와 함께 걷고 있다. 우리는 타이타닉 호 이야기 같은 재난 서사에 매혹되지만, 사실 우리 모두는 지금 타이타닉 호에 타고 있다. 타이타닉 호 승객들이 그랬듯이, 이것이 쾌적한 유람선 여행이라고 상상하고 있을 뿐이다.

동시에, 우리는 병들어 늙고 죽는다는 것에 대해 겉으로 드러나게 느껴지지 않는 두려움을 엄청 많이 품고 있다. 그 이유 중 하나는 그것을 피하고 억누르는 데 너무 많은 에너지를 쓰고 있기 때문이다. 내가 바다라야냐와 다른 스승들과 했듯이 이 두려움을 키우고 마주보면 우리 삶은 크게 고양된다. 정말로 죽음과 직면하면, 우리 삶을 고마워하고 완전히 새로운 방식으로 선용하게 된다.

궁극적으로 불교 수행은 해탈, 깨달음, 열반에 대한 것이다. 그것은 죽음 없음에 도달하기에 관한 것이다. 살아 있을 때 만드는 집착은 결국 죽을 때 놓아야 하며 지금 여기에서 우리를 괴롭게 한다. 붓다는 이점에 대해 상당히 명확했다. 사물에 매달리는 것, 특히 자아라는 의식에 매달리는 것은 고통을 만든다. 죽을 때 그런 집착을 놓아 버려야 한다는 것을 알기에, 우리는 지금 그것들을 놓아 버릴 수 있을 것이고 고통의 많은 부분을 없앨 수 있을 것이다. 우리가 지금 당장 집착을 끊어 버린다면 훗날이 필요 없을 터이고, 죽음이 닥쳤을 때 그리 두렵지도 않을 것이다. 죽음의 반짝이는 빛은 우리 삶을 해방시킬 수 있다.

죽음에 관한 다섯 가지 성찰

죽음 알아차림 수행을 가르치면서 붓다는 다섯 가지 성찰에 대한 말을 남겼고, 자주 이를 명상하라고 당부했다.

1. 나는 늙어 갈 수밖에 없다. 노화는 피할 수 없다.
2. 나는 병들 수밖에 없다. 병은 피할 수 없다.
3. 나는 죽을 수밖에 없다. 죽음은 피할 수 없다.
4. 나는 내게 사랑스럽고 끌리는 모든 것들과 결별하여 다르게 성장할 것이다.
5. 나는 내 행위의 주인이자 상속자로서, 행위에 의해 태어나고 행위를 통해 연관되고 내 행위에 의거하여 산다. 내가 무엇을 하건, 선행을 하건 악행을 하건, 나는 그 행위의 과보를 받을 것이다.

이는 세상에서 가장 명랑한 성찰 주제는 아니다. 대부분의 사람들은 처음 이 말을 들으면 좀 반발심이 들 것이다. 그들은 주변 세상의 무상함이라는 불교 교리를 깊이 성찰할 마음이 없지만, 사실 이는 고향에 조금 가까이 다가가는 것이다. 명상하는 사람에게 요청되는 것은 무상의 법칙을 가까이서 직면하는 것이다.

이런 성찰이 미국에서 불교 수행의 주요 부분은 아니었다. 1960년대, 미국에서 불교가 처음 인기를 끌 때 사람들은 마약 문화에서 시작하여 도취할 수 있는 또 다른 방법을 찾다가 불교에 접근했다. 그들은 죽음 알아차림 같은 무거운 것을 찾은 게 아니었다. 그저 좀 더 기분이 좋아지고 싶었던 것뿐이었다.

그러나 수 세기에 걸쳐 불교가 확립된 아시아 국가들의 경우, 죽음 알아차림 수행은 오래되고 존경받는 전통이었고, 많은 명상가들이 이 수행을 하고 있다. 사실 죽음 알아차림을 궁극의 수행으로 여기는 사람들도 있다. 붓다 자신이 이런 말을 남겼다.

"모든 발자국 중에 코끼리 발자국이 가장 크다. 이와 마찬가지로, 모든 마음챙김 명상 중에 죽음에 대한 명상이 가장 중요하다."

다섯 가지 성찰이 혹 음산하고 우울하게 보일지 모르겠으나, 실제로 수행을 해 보면 정반대의 효과가 생길 수 있다. 나 자신도 경험한 바지만 내 제자들은 죽음에 대한 명상을 하면서 마음이 한결 가벼워지고 고요하고 편안해졌다고 얘기한다.

우리 중 많은 사람들이 죽음이라는 주제에 대해 인정은 안 해도 두려움을 아주 많이 달고 산다. 어떤 다른 두려움도 그렇겠지만, 죽음에 대한 두려움이야말로 우리를 무겁게 짓누른다. 죽음 알아차림 수행을 하면 이런 두려움을 몰아내는 데 도움이 되고 죽음을 마주 대할 수 있게 되고, 죽음도 그 실체랄 것이 따로 없는 무상한, 형성된 것임을 알게 된다. 두려움을 인정하지 않고 두려움이 오래오래 머물게 놓아두면 두려움은 우리 의식 속에 계속 남아 떠돈다.

죽음은 실존의 사실이며, 우리 모두가 언젠가는 맞부딪쳐야 할 사실이다. 그리고 죽음 알아차림은 수행에 진정한 도움을 준다. 언젠가는 죽는다는 사실을 깊이 이해하면 깨달음에 이르는 경우도 많다. 우리에게 영원이란 없다는 것을 안다는 건 정말이지 동기부여가 되는 요소이다.

빠알리어로 이 현상은 '삼베가'라고 알려져 있다. 즉 삶의 본성이 소멸하는 것임을 더 잘 의식하는 데서 커지는, 수행의 긴박한 필요성 말이다. 거기엔 정말 충격적인 느낌과 삶이 영원히 지속되는 것이 아니라는 것뿐만 아니라 우리가 지금껏 살아온 방식이 틀렸다는 것까지 포함될 수 있다. 우리의 세상이 통째로 거꾸로 흔들려 전혀 새로운 방식으로 살게 될지도 모른다. 설령 그리 극적인 효과는 나지 않는다 하더라도 우리가 실제로 살아가는 데에 은연중에 불이 환히 밝혀질 수도 있다.

우리는 권력, 특권, 돈, 성욕, 그리고 물건을 얻는 일에 훨씬 덜 집착하게 된다. 법문이 진정 의미 있게 다가오고, 그저 머리로만 동의하는 대신 실생활에서 그것을 실천하기 시작한다. 삼베가가 우리를 마음의 돌이킴으로 이끌어, 자기중심적 삶에서 벗어나 시간에 좌우되지 않고 광대하고 거룩한 것에 대한 추구로 방향을 틀게 된다.

삼베가와 함께하는 중요한 것이 빠알리어로 '빠사다'라 불리는 것, 즉 우리의 상황에 희망이 없지 않다는 확신, 명상 수행이 우리를 질병, 노화, 죽음 저 너머로 데려갈 수 있다는 믿음이다. 이런 현상들을 둘러싼 문제들은 우리에게 낯설지 않다. 그것은 우리의 갈망과 집착과 뗄 수 없다. 고통은 막다른 길이 아니라 깨달음으로 가는 문이다. 팔정도 수행을 올바르게 하면 병과 죽음의 괴로움을 해탈의 기쁨으로 바꿀 수 있다. 사람들에게 그저 덧없음에 눈 뜨게만 하고 거기서 빠져나갈 출구를 제시하지 않는다면, 그건 잔인한 일이다. 불교의 가르침은 무상을 넘어 죽음 없음으로 가는 길을 제시한다.

붓다의 삶에 대한 전설적인 이야기를 익히 들은 독자들이 많을 것이다. 태어나면서 그가 현자가 되거나 통치자가 될 것이라는 예언이 있었으며, 그 자신 왕이었고 아들이 뒤를 잇기를 바랐던 아버지는 그를 궁에서만 살게 하며 원하는 것은 뭐든지 들어주었다. 젊은 왕자는 16세에 결혼해 가정을 이루었지만 25세가 되자 막연한 갈망에 궁정을 뛰쳐나와 바깥세상을 발견하게 된다.

궁궐 밖 세상에서 그는 전에 보지 못했던 세 부류의 사람들과 마주친다. 나이 먹어 구부정한 노인, 몸이 아주 많이 아픈 사람, 그리고 죽어서 장례식장으로 운구돼 가는 사람. 이 광경에 그는 충격을 받고 존재의 핵심까지 흔들린다. 궁으로 돌아가는 길에 그는 깊은 평온을 찾은 듯 보이는 한 떠돌이 명상가를 보고 자기도 저 사람처럼 살겠다고 결심한다.

이처럼 붓다는 우리 공부의 주제인 세 가지 현상을 난생 처음 마주친다. 그는 그 현상들에 대한 답도 찾았고, 전체 딜레마에서 벗어날 길도 찾았다.

앞에 말한 다섯 가지 성찰은 붓다가 마주친 사람들과 딱 들어맞는다. 네 번째 성찰("나는 내게 사랑스럽고 끌리는 모든 것들과 결별하여 다르게 성장할 것이다.")은 떠돌이 명상가가 죽음이 닥쳐 억지로 하게 되기 전에 미리 선택한 일을 말한다. 그는 이러한 이욕(離欲)을 때맞춰 실행했기에 훗날 그 때문에 시달리지 않게 된다.

출가 수행승은 가족, 성생활, 부와 대부분의 소유를 포기하고 진정한 해탈을 위한 가능성을 극대화하는 전략으로 모든 형태의 사치를 단념한다. 그는 우리 모두가 고통에서 해방되기 위해 지녀야 할 잠재력을 높이기 위해 애쓴다. 그러나 출가 승려 생활과 재가 수행은 둘 다 관습일 뿐이다. 어느 것도 절대적 진리는 아니다.

가장 심오한 의미에서 네 번째 성찰은 모든 인간이 얻을 수 있는 내적 자유를 상징한다. 즉 갈애(渴愛)와 집착 버리기이다. 크리슈나무르티는 끊임없이 이 메시지를 전했다. 우리는 매일 죽어야 한다. 매순간 죽어야 한다. 지금 죽어야 한다.

다섯 번째 성찰은 유례가 없는 성찰이다. 그것은 업의 법칙, 재생의 교리에 관련된다. 하지만 그것은 사람들이 전생엔 무엇이었는지, 또 내생에는 무엇이 될 것인지 이런 추상적 생각에 골몰하여 길을 잃는 지점이기도 하다. 이 모든 건 마음이 지어내는 희론(戲論)이 되어 버릴 수도 있다. 그리하여 수행을 피하는 또 다른 길이 될 수도 있다. 나는 업의 법칙, 즉 우리의 행위들은 내생에서 아니면 금생에서 과보를 갖는다는 것이 절대적 진실이라고 믿지만 그 업의 법칙에 대해 이러저러하게 머리 굴리는 일에는 특별히 관심이 없다. 나는 지금 이 순간과 함께 머물려고 노력한다.

우리의 과제는 업에서 벗어나 자유로워지는 것인데, 업을 피함으로써가 아니라 업이 중요치 않게 되는 지점에 도달함으로써 자유로워지는 것이다. 다섯 번째 성찰은 어떤 점에서 보면 가장 중요한 성찰이다.

왜냐하면 다른 네 가지 암울한 성찰에 답을 주기 때문이다. 네 번째 성찰을 통해 자유로워지는 수행을 하고, 지금 우리의 집착을 떼어야 하는 것이다. 그것이 최선의 업인 것이다.

죽음 이후에 삶이 있는가 하는 심오하고도 중요한 물음에 사람들이 관심 갖는 것은 당연하다. 그러나 이 책은 이런 질문에 초점을 맞춘다. 죽음 이전에 삶이 있는가? 죽음이 삶에 비춰 줄 수 있는 빛을 우리는 찾고 있다.

이를 마음에 두고, 첫 번째 성찰로 넘어가 보자.

° 노화와 죽음과 그 밖의 모든 것에 대한 내 가르침의 핵심은 알아차림 수행이다. 여기엔 특별히 좌선 명상의 주요 수행이 포함된다. 이 수행에 대해 어느 정도 아는 바가 없으면 이 책의 가르침을 따라잡기 힘들지도 모른다. 그래서 책 맨 뒤에 따로 짤막하게 이 수행의 개관을 써 놓았다. 알아차림 수행이 익숙하지 않은 사람은 1장을 읽기 전에 맨 뒤의 내용을 참조하도록 하자. 나의 책 『일상에서의 호흡명상 숨』과 『호흡이 주는 선물』에서 같은 이야기를 훨씬 더 자세하게 했다.

제 2 장

나이 드는 것은 피할 수 없다

"뭐든지 변하는 걸 원치 않아." 이렇게 생각하면 괴롭다. 몸이 나 자신이라거나 우리에게 속한 것이라고 생각하면 우리는 몸이 변하는 것을 보고 두려워한다.   —아잔 차

"나는 늙어 갈 수밖에 없다. 노화는 피할 수 없다."

이 명상을 매일 일정 시간 동안 하면, 그것을 보고 진정 꿰뚫어 아는 데 유익할 것이다. 이런 얘기를 하면 사람들은 어쩔 줄 몰라 한다. 내가 나이 들어가고 있다는 걸 '알아요.'라고 그들은 말한다. 우리도 분명 머리로는, 추상적으로는 알고 있다. 그런데 다시 생각해 보면 모른다. 마음 속 깊이 그걸 깨닫고 있지는 않다. 몸으로 알지는 못한다. 그것을 삶으로 실천하지 못한다. 늙는다는 신호가 조금만 느껴지면 그걸 피하려고 뭐든지 한다.

단지 얼굴 주름살 펴는 시술, 머리 염색, 가발, 젊은 사람처럼 옷 입기, 이런 것만 말하는 게 아니다. 난 딱히 이런 것을 반대하는 입장도 아니다. 당신의 몸이 지금 당장 무슨 일을 겪고 있는지를 알아차리는 얘기를 하고 있는 것이다. 세상만물이 그렇듯 당신이 무상의 법칙에 따

를 수밖에 없는 존재라는 것을 알아야 한다는 얘기다. 그리고 무상의 법칙에는 언젠가 닥칠 죽음뿐 아니라 차츰 이뤄지는 점진적 변화도 포함된다고 말하고 있는 것이다. 당신이 투사하는 이미지를 잊어버리고, 당신에게 지금 일어나고 있는 일을 알라는 것이다.

또한 내 얘기는 보통 사람들에게 항상 일어나는 체험이다. 최근의 일이다. 이 일이 정말 내 마음에 와 닿아 그 속에 얼마간의 지혜를 불어넣어 주었고, 그 얘기를 학생들에게 해 주니 많이들 웃었다.

나는 자신을 아주 잘 챙기는 사람이다. 거의 날마다 아침엔 요가를 하고 산책을 오래, 기운차게 하고 명상을 아주 많이 하며, 건강 보충제와 늘 먹는 음식에도 주의를 기울인다.

삼 년 전, 그러니까 내 나이 예순세 살에 보스턴에서 지하철을 탔을 때였다. 치과 의사에게 다녀오는 길이었다. 지하철에서 쇠로 된 손잡이를 잡고 서 있는데, 내 앞에 앉아 있던 젊은 여성이 미소 지으며 일어나더니 내게 자리를 양보했다. 처음엔 무슨 일인지 잘 파악하지 못했다. 그 여성이 다음 정거장에서 내리려는 줄만 알았다. 하지만 그 정거장을 그냥 지나치고 그 다음 정거장도 또 지나치자 난 비로소 사태를 파악하기 시작했다. 잠깐만, 그러니까 저 젊은 여성이 지하철에서 내게 자리를 양보한 거잖아.

나는 치과 치료를 받느라 조금 야위어 보일지도 모른다는 생각으로 스스로를 짐짓 위로했다. 하지만 내 마음은 바삐 내닫기 시작했다. 난 그녀에게 이렇게 말하고 싶었다. 전혀 잘못 아셨어요. 오히려 내가 일어나서 당신에게 자리를 양보해야 맞죠. 난 일생 동안 지하철 좌석을 양보하며 살아왔다. 그런데 명백히 그녀의 입장에서는 자기가 자리를 양보하는 것이 합당한 일로 보인 것이다. 그녀는 젊고 원기왕성하고 건강한 여성이었다. 그리고 나는 자리에 앉아야 할 사람으로 보였던 것 같다.

요가를 하고 좋은 음식을 먹고 긴 산책을 해 온 그간의 세월이 몽땅 쓸데 없는 것이 되어 버렸다. 어쨌든 나는 내 나이를 돌아보았다. 좀 지나면 다음번에는 이런 식이 될 것이다. "할아버지, 여기 앉으세요." 아니면 "천천히 하세요. 좀 도와드릴까요?" 젊고 정정한 '나이 든 사람'이라는 나의 자아 이미지, 심지어 내가 갖고 있는 줄조차 미처 몰랐던 이미지는 산산조각 났다.

이건 나쁜 경험이 아니었다. 사실 좋은 경험이었다. 젊은 여성이 공손한 몸짓을 보였고 나는 편안히 자리에 앉았다. 중요한 것은 나의 알아차림이 도로 돌아와 나 자신에 대해 맘껏 웃게 되기 전까지 내가 그 일에 맞닥뜨려 어떻게 했는가이다. 내가 새로운 범주의 인간에 속한다는 것을 알게 해 준 것은 현대에 흔히 접하는 통과의례, 일종의 입문 같은 순간이었던 것이다. 그건 나의 자아 이미지를 산산이 부수어 놓았다.

자아 이미지는 문제다. 도움이 될 때도 있지만, 그 이미지 때문에 고통을 겪기도 한다. 우리는 모두 자아 이미지를 갖고 있으면서도 대부분은 그런 줄 알아차리지도 못한다. 일상적 경험이 자아 이미지를 갉아먹을 때 우리는 그것을 유지하려 애를 쓰면서 또 그것을 만들어 내고 심지어 지키는 데 엄청나게 많은 시간과 에너지와 돈까지 쓴다. 그러다가 누가 우리를 다른 방식으로 보면 산산조각으로 부서진다. 남들은 경로 할인을 언급하고, 불현듯 우리는 긴 반바지에 캔버스화를 신고 웃기는 작은 밀짚모자를 쓴 우리 모습을 보게 된다. 그건 전혀 우리가 내보이고 싶은 모습이 아니다. 우리 머릿속의 그림은 구식이 되었다.

우리가 보통 하는 일은 새로운 이미지를 만드는 것이다. 그렇다, 엄밀히 말해 내가 경로 할인 대상으로 뽑힐지는 몰라도, 외관상 그렇게 보이지는 않는다. 방금 치과에 다녀오는 길이 아니었다면 말이다. 나는 나이에 비해 상당히 팔팔하다. 나는 나보다 스무 살 젊은 사람만큼이나 힘차다. 당신은 지하철에서 자리에 그대로 앉아 있어도 된다. 물론 경로 할인 요금이야 받아들이겠지만.

다시 말하지만, 나는 건강과 외모에 신경 쓰는 것에 반대하지는 않는다. 나는 몸을 잘 돌보는 것을 신봉한다. 옷을 잘 입고 몸을 깨끗이 하고 단정한 차림새를 하는 것까지. 그렇게 하는 건 사람으로서의 존엄성을 표현하는 문제지, 우리가 자기중심적이라는 뜻이 아니다.

그러나 수행은 모든 이미지 너머로 움직이는 것, 당신 몸의 날[生] 것이고 벌거벗은 체험, 그 순간순간의 체험과 친밀해지는 것이다. 붓다는 여러 경전에서 몸속의 몸에 대해 얘기했다. 이는 있는 그대로의 몸이라는 뜻이었다. 우리가 몸에 대해 갖고 있는 이미지가 아니라 지금 이 상태의 몸, 지금 이 책을 읽으며 앉아 있을 때 확실히 느껴지는 감각 말이다.

위대한 야구 투수 새철 페이지는 그걸 훨씬 실제적으로 표현했지만, 그도 결국 같은 말을 하고 있다. 그가 투수로 한창 잘 나갈 때 아프리카 흑인 출신 선수들은 당시 '니그로 리그'라 불리던 구단에만 들어갈 수 있었다. 나중에 마침내 메이저 리그에 들어갔을 무렵, 그는 현역으로 뛰는 선수로서는 꽤나 나이 들어 있었다. 리포터들은 당연히 그의 나이를 물었고 그는 이렇게 대답했다.

"나이는 문제가 아닙니다. 나이란 물질에 우선하는 마음의 문제입니다. 본인이 나이에 구애 받지 않으면, 그건 문제가 되지 않습니다."

마음이 신체적 감각을 고통으로 바꾼다

구체적인 예를 한 번 보자. 좀 덜 엉뚱한 예를 들어보겠다. 내가 지도하고 있는 케임브리지 통찰 명상 센터에서 나는 규칙적으로 면담 시간을 내어, 제자들에게 격식 차린 좌선 수행이나 일상생활에 대해 얘기하게 한다. 어느 날 아침 한 제자가 자기는 그동안 늙는다는 것에 대해 아주 큰 슬픔과 두려움을 겪어 왔다고 했다. 좀 더 자세히 말해 보라고 하니, 그날 아침 깨어 보니 등과 무릎이 뻣뻣하더란다. 아마도 그녀는 아침이면 몸이 뻣뻣했던 할머니나 나이 많은 친척을 떠올렸던 모양이다.

"바로 이거야. 노년이 닥쳐왔구나."

순식간에 그녀는 정말로 뻣뻣한 몸, 똑바로 펴지지도 않는 몸, 주름진 피부, 모든 매력의 상실, 지팡이, 그 다음에는 보행 보조 기구, 마침내는 휠체어를 떠올린 것이다. 그녀는 자기 몸이 퇴행하는 것, 자기 마음이 비정상이 되기 시작하는 것, 병과 고통으로 가득 찬 말년을 보았다. 게다가 은퇴 후에 대비해 충분한 돈도 모아놓지 못해서 궁핍한 상태, 특별한 보살핌이 필요하지만 그럴 만한 돈이 없는 할머니를 상상했다. 누더기 외투를 걸치고 길바닥에 나앉아 덜덜 떨면서 행인들에게 구걸하는 자기 모습이 떠올랐다.

실상 그녀는 매력적인 40대 전문직 여성으로, 더없이 안락한 집에서 살고 있었다. 하지만 마음에 떠오른 고통으로 벌써 길바닥에 나앉은 거나 마찬가지였다. 마음의 힘이란 그런 것이다. 마음의 힘은 단순히 불쾌한 감각 하나를 강력한 자의식으로 바꿔놓을 수 있다.

우리는 모두 이처럼 허황된 마음이 제멋대로 나래를 펼치는 것, 갑작스레 드는 공포감 등을 체험해 보았다. 거기에는 어떤 지혜가 감춰져 있다. 늙고 병들고 죽는 것은 우리들 대부분의 운명이다. 죽음은 우리 모두에게 닥칠 운명이다. 그러니 그런 식으로 보자면 그녀는 생생한 현실을 보고 있었던 셈이다. 게다가 노후를 대비하여 돈을 모아놓아야 한다는 것은, 실제로 충족시켜야 할 현실적 필요성이다. 때때로 당신이 해야 할 현실적 과제가 있기에 지나친 걱정을 느끼는 것이다.

동시에, 신체적 감각을 마음이 고통으로 바꾸어 놓는 경우는 거의 전형적인 경우로서, 붓다도 이를 상당히 설득력 있게 이야기한 바 있다. 이는 우리가 공부해야 할 아주 훌륭한 예시이다. 그래서 이것에 대해 시간을 두고 잘 생각해 보고 싶다.

몸과 마음에서 일어날 수 있는 다양한 현상들, 붓다도 말한 이것은 빠알리어로 '웨다나'라 불리는데, 종종 '느낌'이라 번역된다. '웨다나'란 실상 미국 문화에서 우리가 느낌이라고 생각하는 것을 지칭하는 게 아니라, 감각기관, 즉 여섯 가지 문을 통해 들어올 수 있는 것을 지칭한다. 여섯 가지 감각기관은 보고, 듣고, 냄새 맡고, 맛보고, 만지고, 생각하는 것이다.

붓다는 세 종류의 '웨다나'가 있으며 거기에 대해 우리가 세 가지 반응을 한다고 했다. 어떤 감각은 유쾌할 수도 있다. 그 경우 우리는 거기에 매달리거나 그 감각을 거듭 느끼고 싶어 하는 경향이 있다. 어떤 감각이 불쾌할 수도 있다. 그러면 우리는 그것을 밀쳐 내는 경향이 있다. 감각은 중립적일 수도 있다. 중립적 감각의 경우 우리는 지루해하거나 텅 빈 공허를 공연한 생각으로 채울 수도 있다. 어느 쪽이든 우리는 이 감각과 함께 존재하는 것이 아니다.

나의 제자의 경우, 느낌이 불쾌했지만 조금만 그러했다. 아침에 몸이 약간 뻣뻣한 것은 심장마비 같은 큰일과는 다르다. 그러나 그런 느낌을 밀어내는 행위는 꽤나 정교했다. 그것은 또 별것 아닌 신체적 불편을 지독한 정신적 불편으로 바꾸기도 했다. 미미한 신체적 고통을 정신적 고문으로 바꾼 것이다.

우리가 몸과 마음을 관찰할 때 나타날 수 있는 또 하나의 현상이 붓다가 마음의 상태라 부른 현상이다. 이는 감각들보다 복잡하다. 이는 전형적으로 치닫는 마음, 쌓이는 생각들(바로 앞에서 본, 늙는다는 것에 대한 생각 같은)을 몸속의 뚜렷한 감각들과 조합한다. 다양한 마음 상태가 있지만, 붓다가 가르침에서 여러 차례 강조한 세 가지를 그는 근본 번뇌인 탐진치 삼독이라 불렀다. 탐착, 혐오, 어리석음이다.

탐심은 우리가 갖지 못한 뭔가를 원하는 느낌이다. 진심은 우리가 가진 뭔가가 떠나갔으면 하는 느낌이다. 치심은 우리가 원하는 바를 모르거나 있는 것을 명확히 보지 못할 때이다. 말하자면 마음에 안개가 낀 것이다.

일반적으로 번뇌는 치심 혹은 무명(無明)에 뿌리를 두고 있다. 무명은 우리의 갈애와 염오의 진정한 바탕이다. 그러니 내 제자의 문제의 원천이 구체적으로는 염오로 나타나는 치심이었다고 말할 수 있겠다. 무엇이 지금 여기 있는데, 그녀는 거기 있고 싶어 하지 않았던 것이다.

그것과 싸우기 시작해서 그녀의 마음 상태는 마구 확산된 것이다.

붓다는 한때 이런 질문을 던졌다. 깨달은 사람과 반대로 깨닫지 못한 사람에게 이런 상황은 어떻게 다른가. 붓다는 말하기를, 깨닫지 못한 사람은 두 개의 화살에 꿰어 찔린 전사와 같다고 했다. 내 제자의 경우, 첫 번째 화살은 몸의 뻣뻣함이었다. 두 번째 화살은 그녀가 그것으로 빚어낸 혼란이었다. 첫 번째 화살은 피할 수 없다. 인간으로 산다는 것은 고통과 어려움이 있게 마련이다. 그중 많은 것이 더 방대한 주제들, 즉 늙어 가고, 병들고, 죽는 것과 연관된다. 붓다는 우리가 그런 것들을 피할 수 있다고 주장한 적이 없다.

그러나 두 번째 화살을 피할 수는 있다. 우리는 반드시 신체적 고통을 정신적 고문으로 만들지 않아도 된다. 몸의 뻣뻣함을 느끼고 뻣뻣함인 채로 두면 된다. 문제는 무엇인가? 다른 어떤 것도 그렇듯이, 무상한 현상이 문제인 것이다.

그러니까 어느 정도 깨달은 사람이라면 뻣뻣함을 느낄 것이다. 그 느낌을 불쾌하다고 느낄 수 있다. 그러나 그것으로 그만이다.

물론 말이야 쉽다. 이런 유의 해방은 지금 당장 얻을 수도 있지만 대개는 길고 힘든 수행의 결과다. 이 순간 당신은 어떤 느낌을 느끼고, 그 느낌 그대로 놓아둘 수가 있다. 그 느낌을 고문으로 바꿀 필요가 없다. 수행 초기에는 의도적으로 해야 하지만, 깨달은 사람은 더 이상 의도적으로 할 필요가 없다. 면담에 왔던 그 제자의 경우, 자기가 급속도로 두려움이라고 알려진 복합적 마음 상태 속으로 빨려 들어가는 걸 보았다. 아마도 몸속에 불쾌한 느낌이 있었고 그 위에 생각들이 차곡차곡 쌓여 갔을 것이다. 그녀가 우리 대부분과 같았다면, 그 생각들은 더 생생했을 것이다. 당시 그 생각들은 현실을 재현하는 것 같았다. 그녀는 궁핍한 신세가 되어서 고통 가득한, 길고 느리고 괴로운 죽음을 맞을 터였다.

불안한 마음을 다루는 방식

이런 마음의 상태를 다루는 여러 가지 방식이 있다. 면담을 하면서 우리는 곰곰이 생각해 보았다. 우리는 일어나는 생각들을 바라보고, 어떤 생각이 근거가 하나도 없는 헛된 생각이며 어떤 생각이 현실에 바탕을 두고 있는 생각인지 보았다.

그러나 그 제자와의 만남은 이런 마음의 상태가 대부분 지나간 다음에 있었다. 그녀는 두려움에 압도된 상태였으니, 아마도 가장 좋은 전략은 주의를 호흡으로 가져오는 일이었을 것이다. 그래도 그걸 억누를 수는 없었을 것이며, 그녀는 줄곧 자기의 두려움을 인정했겠지만 그러면서 또한 그 두려움이 자기가 감당하기엔 힘들다는 것, 잠시 뭔가 다른 것에 주의를 기울이고 마음을 가라앉히고 나서야 비로소 그 두려움을 직접 자세히 들여다볼 수 있다는 것도 인정했을 터이다.

그러나 일단 마음챙김이 좀 더 크게 계발되고 나서야 그녀는 자기의 두려움을 훨씬 더 가치 있는 방식으로 대할 수 있었다. 그녀는 그 두려움을 있는 그대로, 무엇을 어떤 식으로 더하지도 빼지도 않고 관찰할 수 있었다.

그녀는 두려움이 뻣뻣함이라는 불편한 감각에서 일어나는 것을, 또 몸의 느낌과 마음속 생각으로까지 확산되는 것을 보고, 그것이 다른 현상들처럼 물러가는 것도 가끔 보곤 했다. 두려움이 나타날 때는 단단하고 압도적인 것같이 보이지만 사실 두려움 그 자체도 또한 무상한 것임을, 두려움에는 아무런 본질적 핵심도 없으며 자아가 없이 텅 비어 있음을 그녀는 보았다. 일단 그것을 깊이 보고 나니 두려움이 문제되는 정도가 전보다 훨씬 덜해졌다.

우리는 두려움이라 불리는 에너지에 주의를 기울이고 관찰하는 법을 배운다. 수행을 하면 우리의 반사 신경이 더 빨리 자라나고, 수행은 더 수월해진다. 회피하기보다는 지켜봐야 한다고 기억한다. 일생 동안 쌓인, 근거도 없는 두려움에 사로잡힐 필요가 없다. 우리의 상황은 절망적인 것이 아니다.

노화를 연구하는 한 가지 방법은, 이러한 명상을 의도적으로 받아들여 매일 얼마간의 시간을 내서 이 사실을 곰곰이 성찰하는 일이다. 늙는 것은 피할 수 없다. 우리는 이런 생각들이 품은 의미가 가라앉아 버리게 그냥 두거나, 또는 늙어서 몸을 마음대로 못 쓰게 되고 느릿느릿 움직이고 체력의 한계가 오고 남들에게 의지하게 된다는 건 어떤 것일지 상상하기도 한다.

지금 당장 이런 상태인 사람들이 많은데도 우리는 그들을 짐짓 못 본 체 오만을 떤다. 우리가 (상대적으로) 젊고 건강하다는 오만이다. 그러나 우리 모두는 똑같은 법칙에 매여 있다. 우리는 누구나 병들고 나이 먹고 죽는다는 점에서는 예외 없이 같은 형제인 것이다.

이러한 성찰을 두고 어떤 느낌이 들든 간에, 앞에서 내가 권한 것처럼 이를 다루어 보라. 그것들을 있는 그대로 두고 그저 지켜보기만 하

라. 자꾸 하다 보면 예전에 느꼈던 두려움은 아주 많이 퇴치될 것이다.

노화를 다루는 또 하나의 방법은 자연주의적 관찰이라 불릴 수 있는데, 이는 여러 가지 예를 들어서 할 수 있다. 나는 날마다 일상에서 일어나는 작은 일들을 환기시켜 왔다. 종종 우리는 이런 것들을 억압하고 안 보려 애쓰거나, 정반대 극단으로는 그것이 우리 몸의 노화 조건과 같다는 데만 몰두하여 우울증이나 공황 상태에 빠진다. 그러나 이런 소소한 것들이나 일어나는 마음의 상태를 주제로 수행하면 매우 가치 있는 일을 하는 셈이다. 우리는 마음의 상태들과 노화 그 자체로부터도 해방된다. 그렇다고 우리가 늙지 않는 것은 아니다. 마음이 몸의 노화로 고통 받지 않는다는 뜻이다.

우리가 이 논의에서 강조해 온 것은, 몸의 노화 신호에 집착하려 하고 자기는 거기서 빠지려는 마음의 성향이다. 우리의 젊은 이미지는 산산조각 나고, 늙었다는 달갑잖은 그림이 갑자기 치고 들어와 우리에게 슬픔, 심지어는 고통을 가져온다. 그러나 그건 단지 이미지 만들기의 문제만이 아니다. 진짜 변화가 일어날 수도 있다. 우리는 예전처럼 빨리 달리거나 생각할 수가 없다. 힘과 활력도 전만 못하다. 신체 조화며 기억, 성기능 같은 것도 감퇴한다. 그동안은 죽 중심에 선 선수였는데 실직을 하여 이제 주변부에 선 것으로 보일 수도 있다.

그런 것들을 애석해할 필요는 있겠지만, 그렇다고 그런 능력을 상실한 것이 고통의 원천이 될 필요는 없다. 위에서 말한 대로 명상하면 우리의 상실과 직면하고 사물의 존재 방식과 우아하게 협상을 타결하는 데 도움이 될 것이다.

내가 지금껏 겪은 가장 생생한 무상의 체험 중 하나는 내가 시카고 대학교에서 사회심리학 박사학위를 준비하던 때 있었던 일이다. 나는 그 시절에도 구식이었고, 나 자신을 인간의 행위를 연구하는 학생으로 보고 있었다. 공책 한 권과 볼펜 한 자루가 내겐 충분히 복잡한 도구였다. 그러나 나는 기술적이라는 의미에서 지극히 과학적인 분야라고 주장하는 학과에서 연구하고 있었으니 사람들은 내게 컴퓨터로 작업하라고 했고, 컴퓨터는 그때 처음 등장한 도구였다. 컴퓨터는 당시 포트란이라는 체계를 쓰고 있었는데, 포트란은 연구실 전체를 다 차지하고 엄청나게 시끄러운 소리를 내며 수많은 종이들을 연이어 뱉어냈다.

나는 그런 괴물과 함께 작업하고 싶지 않았지만, 내 논문 지도 위원회의 위원장이 주장하여 이 덩치 큰 컴퓨터와 그것을 다루는 사람들과 관계를 맺을 수밖에 없었다. 나는 내가 연구한 자료를 오퍼레이터들에게 갖다 주면서도, 그들이 하는 일을 정말로 이해하지는 못했다. 그들에겐 자기들만이 아는 복잡한 기술적 용어가 있었고, 내겐 그들이 모르고 상관도 하지 않는 내 연구가 있었다. 때때로 나는 내가 발견한 것에 상당히 흥분해서 연구실에 찾아가면 그들은 이렇게 말하곤 했다. "연구 내용 같은 것 가지고 우리를 귀찮게 하지 말아요. 그냥 자료만 달라니까요. 우리에겐 변수만 달라고요."

어느 날 내가 연구실에 걸어 들어가면서 보니 마치 그들이 장례식에라도 참석하고 있는 것 같았다. 거기 오퍼레이터 팀 전원이 있었는데 평상시보다 많은 인원이었다. 모두들 믿을 수 없을 만큼 침울해 보였다. 내가 말했다. "이 어두운 분위기는 대체 뭐죠?" 그러자 그들이 말했다. "새로운 프로그램이 개발됐답니다. 말도 못할 만큼 지금보다 훨씬 간단하고 빠르대요. 갑자기 우리는 구닥다리가 된 겁니다. 이 기술

배우느라 십 년이나 걸렸는데, 우린 이제 박물관의 한낱 전시품 신세인 거예요. 반면 새로운 체계에 익숙한 젊은 사람들은 쌔고 쌨어요. 그들은 펄펄 날고, 우리는 뒷전에 남은 거죠."

나는 정말 큰 충격을 받았다. 시간에 종속되는 그 어느 것에도 당신의 인생을 잡아매지 마시라. 조만간 그건 당신을 실망시키리니. 최신 컴퓨터 시스템도 마찬가지다. 그것도 인간의 모습으로 우리가 살고 있을 때뿐이다. 붓다가 말했듯이, 우리는 거기서 궁극적 성취를 찾지 못한다.

누구도 몸을 소유할 수는 없다

늙어 가는 과정을 간접적으로라도 다루는 다른 형태의 수행도 있다. 그 중 하나가 부정관(不淨觀) 명상이라 불리는 것으로, 몸의 사랑스럽지 못함에 관한 명상이다. 그것은 몸을 32개 부분으로 나눈다. 신체 부분들을 전통적으로 부르는 명칭대로 배우고, 하나하나 열거하고, 마음속으로 그 이름을 부르고, 그것에 대해 명상한다. 머리에 나 있는 머리털부터, 피부, 손톱, 이빨, 등등.

잠시 후에는 몸을 지퍼 열듯이 열어젖혀 그 안에 있는 것들을 바라본다. 피, 오줌, 똥 등 온갖 지저분한 물질들을 본다. 시작하기 전에 어떤 종류의 '사마디'(삼매) ─ 집중되고 평온한, 한데 오롯이 모인 마음 상태 ─ 라도 계발되어 있다면, 이 수행은 상당히 생생해진다.

한때 나는 이 수행을 하다가 구역질이 난 적도 있다. 또 이 수행을 하면 성적 매력을 느낄 기회가 씻은 듯이 없어져 버려, 바로 이런 이유로 독신 수행자들의 성욕 감퇴에 도움이 되기도 한다.

부정관은 몸의 참 본성을 보는 데 무한한 도움이 된다. 이 몸은 있지만, 그것은 나도 아니고 내 것도 아닌 것이다.

처음 부정관을 할 때 나는 통찰 명상 센터에서 집중 수행 중이었다. 미얀마 출신의 스승인 우 술라난다가 법문 시간에 이 수행을 상세히 설명하기 시작했다. 나는 그때까지 하타 요가를 해 오면서 마음챙김이 있는 호흡을 하고 좋은 음식을 먹는 것, 체력 관리를 잘 하는 것에 가치를 두고 있었다. 난 어느 정도 사물을 낭만적 견해로 보고 있었던 것이다. 그런데 갑자기 술라난다는 몸의 부정(不淨)함에 대해 얘기하기 시작했다.

사람들이 '저 사람은 정말 뭐 저런 이야기를 다 하고 있어.'라고 생각한다는 것을 알 수 있었다. 그들은 곧바로 불편해했다. 어떤 이들은 정말로 그 자리를 떠나기까지 했다. 난 생각했다.

'붓다가 마음에 두었던 것이 이런 것일 리가 없어. 붓다는 깨달음과 깨어남에, 삶의 아름다움에 관심이 있었어.'

그 당시에는 어떤 수행이 미적이건 윤리적이건, 우리 마음에 드는 모델과 맞지 않으면 우리는 그냥 내던져 버렸다. 그래서 우리는 더 이상 부정관을 하지 않았다.

십 년 후 태국의 아잔 수와트 스승과 6주간의 집중 수행 과정에서 부정관을 다시 하게 되었다. 나는 처음 이를 체험했을 때 그것을 단번에 중단하게 만들었던 혐오와 의심에 대해 그에게 말했다. 그는 껄껄 웃더니, 부정관의 요체는 단지 혐오를 불러일으키는 것만이 아님을 알려 주었다. 이 수행은 우리가 엄청날 정도로 이 몸이 나인 줄 알며, 몸에 집착하고 혹할 때의 해악을 막기 위해서 하는 것이라는 얘기였다.

어느 정도 수행하다 보면 몸의 부분들을 두루 섭렵하는 데에 아주 능숙해질 수가 있다. 어떤 특별한 부위에 끌리면 그 부위를 가지고 아주 많이 수행할 수 있다. 예를 들면, 나는 해골에 끌리는 느낌이 있었다. 어릴 때부터 난 해골이란 과연 뭘까를 궁금하게 생각해 왔다. 그래서 해골을 떠올리며 수행했다.

이 수행을 몇 주간 하고 나니 마음은 아주 집중이 잘 되었고, 모든 사람이 해골로 보였고 나 자신도 그렇게 보이기 시작했다. 또 어떤 때는 피, 위장, 창자 같은 내부의 신체 기관들이 꽤나 생생하게 떠올랐다. 한번은 끼니때가 되자 심지어 구역질이 나기까지 했다. 음식물이 몸의 곳곳을 거쳐 가는 과정이 그려졌기 때문이다.

이 수행에 정말 능숙해지자, 스승이 지시를 바꾸었다. 내가 몸을 완전히 해체하자 그가 말했다.

"이제 다시 그것들을 원상회복하라. 다시 아름답게 만들라."

왜냐하면 그 아름다움 또한 진실이었으니까. 몸은 하나의 기적이다. 그래서 나는 그렇게 했고, 그러자 스승은 다시 부분으로 해체하라고 했다. 나는 뒤로 갔다 앞으로 갔다 하는 데에 아주 능숙해졌다.

요점은 중도를 계발하는 것이다. 몸을 숭배하지도, 몸에 집착하지도 않으며 그렇다고 몸을 내치고 완전히 무시하지도 않는 것이다. 물론 몸을 경시하는 정신적 전통도 존재한다. 몸을 온전히 배제하여 장애물이라고, 극복해야 할 그 무엇이라고 보는 것이다. 붓다는 잠시 이 금욕적인 전통에 몸담고 공부했다. 그러나 마침내는 아주 단호하게 그것을 거부했다. 그는 몸을 돌보아 잘 사용하기 위해 양극단이 아닌 중도를 실천했다. 그는 몸에 집착하지 않았다. 왜냐하면 몸은 끊임없이 변하고 있으며, 결국은 통째로 없어지는 것이기 때문이다.

그러니까 우리는 균형을 잡아야 한다. 이 몸이 있다. 몸이 존재한다는 것은 그 누구도 부정 못한다. 다만 몸은 우리가 생각하는 실체를 갖고 있지 않다. 몸은 무상하고 변하는 현상이다. 무엇보다도 우리는 이 몸을 '나'라거나 '내 것'이라고 생각하지 않는다. 처음에 그렇게 말할 때는, 그건 하나의 이념과 같다. 그러나 충분히 오래 명상하면 이 사실을 이념이 아닌 현실로 보게 된다. 몸은 결정적으로 여기 있다. 몸은 또 결정적으로 늙어 가기도 한다. 그러나 아무도 몸을 소유할 수는 없다.

나이를 먹지 않는 사람들

붓다의 가르침을 게송 형식으로 응축해 놓은 「법구경」에도 노화와 관련한 부분이 있다. 이를 부정관 명상에 비추어 읽을 수 있다. 첫 구절은 붓다를 따라다니는 여성들에 대해 말하고 있다. 그들은 경박하고 경솔하며, 술을 마시고 마치 잔치에나 가는 듯한 분위기로 붓다의 법문 자리에 오곤 했다. 붓다는 그들에게 대놓고 이야기한다.

어찌하여 웃고 있는가, 어찌하여 기뻐하는가,
세상은 끊임없이 타오르는 불길 속에 있거늘
깜깜한 어둠에 덮여 있으면서

이때 둘째 줄의 불길이란 욕망, 갈애의 불길이다. 잘 알려진 화재(火災)의 법문에서 붓다가 말한 그 불길이다. 거기서 붓다는 온 세상이 탐, 진, 치로 활활 타고 있다고 선언한다. 여인들은 잔치 분위기이지만, 자신들이 얼마나 갈애에 사로잡혀 있는지 보지 못한다. 그들을 덮고 있는 어두움은 무명의 어두움이다. 그들은 등불을 찾아야만 한다.

> 그 아름다운 모습을 보라.
> 수많은 곪은 상처들이 덧나는구나.
> 아프지만, 많은 다짐의 대상이 되는구나.
> 영속하거나 확실한 것은 아무것도 없건마는. (「법구경」 제147 게송)

두 번째 게송은 최근에 죽은 이름난 후궁에 대한 것이다. 이 게송은 그녀 인생의 온갖 순간을 동시다발적으로 보는 것 같다. 한눈에 보아도 화장으로 더욱 돋보인 용모는 암울한 미래를 감추고 있는 것이다.

몸을 '대상'으로 하는 '많은 다짐'은 그녀와 자고 싶다는 수많은 남자들의 욕망이다. 두 번째 게송은 우리가 앞에서 언급한 몸에 대한 두 가지 견해를 말하는 듯하다. 아름다운 자아 이미지와 항상 쇠락하고 있는 몸속의 몸. 게송은 마치 이렇게 말하는 것 같다.

"이 몸이 결국 어떻게 될지를 볼 수 있다면, 그대는 몸에 그토록 집착하지 않으리."

이 몸은 닳아빠졌다.

병집인 이 몸은 무너지고 있다.

이 구역질 나는 덩어리는

부서지게 마련이다.

삶이 죽음에 포위되어 있으므로. (「법구경」 제148 게송)

세 번째 게송은 같은 유의 이미지 그리기를 이어간다. 그것은 부정관 명상 그 자체와도 비슷하다. 이 몸이 나라는 생각을 고쳐 주려고 두려움과 혐오를 일부러 일으키는 것이다.

이 뼈다귀들이

떨어져 뒹구는 박 덩어리처럼

푸르뎅뎅한 빛깔로

버려진 것을 보면

무슨 기쁨이 있는가? (「법구경」 제149 게송)

네 번째 게송은 또 다른 유의 불교 명상과 관계된다. 수행승들은 공동묘지를 찾아가서 여러 모습으로 해체 상태에 있는 시체들을 보고 명상한다. 해골을 보고, 그 다음에 해골이 부서지고 나서도 흩어져 남아 있는 뼈다귀들을 본다. 시간이 지나면 뼈다귀들은 해체되어 먼지가 되고 수행승들은 그것을 관(觀)한다. 그러다가 먼지도 바람에 날려 가고 한때 인간이었던 것으로부터 그야말로 아무것도 남지 않게 된다.

이 게송에 숨은 이야기는 이렇다. 한 무리의 젊은 수행승들이 일정

수준의 집중에만 이르면 깨달음을 얻은 것이라고 믿었다. 붓다는 그들을 공동묘지로 데려 가, 거기서 얼마나 평정심을 확립할 수 있는지 보게 했다. 그러자 그들은 수행을 더 해야겠다는 걸 실감했다.

> 살과 피와 함께
> 회반죽이 발린 무덤 속에 있는
> 뼈다귀로 이뤄진 도시
> 거기에 숨겨진 보물은
> 자부심과 경멸
> 늙어 감과 죽음이로다. (「법구경」 제150 게송)

다섯 번째 게송은 붓다의 가르침에는 별로 관심이 없었지만 자기 용모에는 매우 애착을 보인 어느 아름다운 왕비의 얘기다. 붓다는 그녀에게 몸의 한 모습을 보여 주고 그녀가 보는 가운데 몸이 늙어 가게 한다. 즉 이미 일어나고 있는 피치 못할 변화를 속성으로 보여 준 것이다.

> 휘황하게 장식된
> 왕의 수레조차
> 부서지거늘
> 어찌 몸이 노화에 굴복하지 않겠는가.
> 그러나 황금 같은 다르마는
> 늙어 감에 굴복하지 않나니
> 선한 자들은 깨인 자들에게 이를 알린다. (「법구경」 제151 게송)

여섯 번째 게송은, 이 무상의 법칙이 빈부에 상관없다는 것을 알려 준다. 왕실 가족도 보통 사람들이나 마찬가지로 그 법칙에 종속된다는 것을 알려 준다. 또한 이 게송은 나이를 먹지 않는 어떤 사람들의 얘기다. 여기서 '선한 자'들이란 깊은 진리와 접한 이들이고, '깨인 자'들은 수행할 의향이 있는 사람들, 우리처럼 시간에 좌우되지 않는 것을 깨닫는 길 위에 있으면서 늙어 감을 바로 꿰뚫어 보는 사람들이다.

> 귀 기울여 듣지 않는 이 사람
> 몸은 황소만 하구나.
> 근육은 발달했으나
> 분별은 그렇지 못하다. (「법구경」 제152 게송)

일곱 번째 게송은 신체적으로는 성숙했으나 정신적으로는 그렇지 못한 사람을 묘사하며, 내적 계발이 이루어지지 않은 사람들의 상황을 가리킨다.

> 여러 생을 윤회하면서
> 나는 치달려 왔고 보지 못하였다.
> 집 짓는 자를 찾으면서
> 괴로운 생은 거듭되었다. (「법구경」 제153 게송)

> 집 짓는 자여, 이제 그대는 보여졌구나!
> 그대 다시는 집을 짓지 못하리.

그대의 모든 골재들은 무너졌고

집의 서까래는 해체되었다.

마음은 업 형성을 멈추었고

갈애는 부서져 버렸다. (「법구경」 제154 게송만 초기불전연구원 각묵 스
님 역—옮긴이)

여덟 번째와 아홉 번째 게송은 「법구경」에서 가장 유명한 두 게송으
로, 〈승리의 노래〉라고 알려져 있다.

첫눈에 보아도, 이 게송들은 노화라는 주제에서 출발하여 탄생과 재
생이라는 주제를 택한 것 같다. 우리 서양인들은 재생을 당연하게 여기
지 않으며, 어떤 사람들은 아예 믿지 않기도 한다. 이 게송에서 화자는
열반을 성취하였으며, 더 이상 탄생과 재생의 윤회에 종속되지 않는다.

그렇지만 달리 보면, 이 게송들은 지금 여기에 대한 것이다. 이 생에
서 자아는 우리가 나 또는 내 것, 분위기, 감각, 마음의 상태라고 보는
어떤 것에 집착할 때마다 다시 태어난다. 이처럼 연이어지는 재생은 그
야말로 진 빠지는 일이다. 자아가 지닌 하고 많은 욕망과 싫어하는 것,
여러 가지 상처를 다 처리해 주어야 한다는 건 시간을 몽땅 바쳐야 하
는 상근직이다.

몸의 뻣뻣함을 느끼고 "난 늙은이야."라고 생각할 때 우리는 갑자기
새로운 모습으로, 완전히 새로운 고통의 세계에 다시 태어난다. 일단
이 과정이 이뤄지는 것을 명확히 보면 우리에게는 거기에 참가하지 않
을 선택지가 있게 된다. 그러면 '나'라는 것은 만들어지지 않는다. 집은
지어지지 않는다. 우리는 일상생활 한가운데서 열반을 얻을 수 있다.

젊어서 정결한 삶도 살지 않고

돈도 모으지 않았고

사람들은 늙은 왜가리처럼 인생을 낭비하게 된다.

물고기 한 마리 없는

물도 말라 버린 호수에서. (「법구경」 제155 게송)

젊어서 정결한 삶도 살지 않고

돈도 모으지 않았고

그들은 여기저기 누워 있다.

잘못 쏜 화살처럼

옛 시절이 아쉬워 한숨이나 지으며 (「법구경」 제156 게송)

　마지막 두 게송은 정신생활과 세속 생활 중 하나를 선택할 수 없는 사람들에 관한 얘기다. 한꺼번에 양쪽을 다 살아가는 것이 가능하듯이, 삶에 전적으로 발을 들여놓지 않음으로써 양쪽 어느 곳에도 살지 않는 것 또한 가능하다. 그러면 당신의 나날들은 맥 빠지고 진부해진다.

나이 들고 병드는 중에도 우리는 배운다

『반야심경』에서는 형태는 공하다[色卽是空]고 말한다. 우리가 보고 있는데도 말이다. 모든 현상은 비영속적이고 비실제적이다. 다시 『반야심경』에서는 공은 형태가 있다[空卽是色]고 얘기한다. 우리 자신이 찾는다고 믿고 있는 공한 상태는 형태의 세상 안에 바로 여기에 존재한다. 다른 어디에서 찾아서는 안 된다.

이 문제를 좀 더 살펴보자. 나이 듦과 죽음에 관한 주제를 가르치다 보면 꼭 반복적으로 나오는 질문이 있다. 제자들은 대개 중년 혹은 그 이상이 많지만, 다양한 연령대의 사람들이 존재한다. 이들은 나이 듦과 죽음에 대해 얘기하고 싶어 한다. 병에 걸렸다거나 죽음에 가까워서가 아니다. 그들의 부모나 친척들이 그런 상황이다. 수업에서 자신들이 겪는 두려움과 고민들을 이야기한다. 이런 이야기를 피하지 않고 우리의 삶의 한 부분으로 수행의 한 부분으로 대면한다.

신체 질환이나 죽음 자체를 질문하기도 하지만 대체적으로는 나이 듦에 대한 질문이 가장 많고, 그럴 경우 마음의 한 측면을 얘기한다. 제자들은 자기들이 암 같은 중병에 걸리면 수행이 얼마나 도움 되는지 이해할 것이다. 그들이 정신 차리고 깨어 있을 수만 있다면 수행이 죽음의 순간에 얼마나 큰 도움이 되는지를 알 수 있다.

그러나 그들은 알고 싶은 것이다. 우리가 늙으면 어떻게 되는가? 우리 뇌가 멋대로 돌아가기 시작하면 어떻게 되는가? 우리가 다루고 있는 상황들 때문에 아예 수행할 능력이 없어지면 어떻게 하는가?

우리는 암과 에이즈와 숱한 다른 질병들이 두렵다. 속수무책으로 무기력해지는 상황에 처할까 봐 두렵다. 가장 무서운 건 치매, 뇌와 관련된 질환이다. 죽음에 가까워지면서 우리가 우리의 정신 기능을 온전히 제어하지 못할까 봐 두려워한다. 그러면 어떻게 될까?

명확히는 나도 모른다. 내가 정신줄을 놓아 버린 다음에 물어보라. 내가 좋아하는 한국 스님인 벽초 스님은 힘과 기쁨이 펄펄 넘치는 분인데, 한번은 내게 이런 말을 했다. 그는 내가 보기에 높은 도를 깨달은 분 같아서, 난 우리가 죽은 다음 무슨 일이 일어날지 물었다.

"모르지요. 아직 죽어 보지 않았으니까."

늙어 감과 죽음에 관한 모든 가르침 중에는 사변적인 것들이 있고, 체험에 바탕을 둔 것들이 있다. 나는 가능하면 구체적인 체험에 가까이 있고 싶다.

이 문제들을 명확히 비추어 주는 체험을 나는 해 보았다. 예를 들면, 훌륭한 인도인 스승 스리 니자르가다타 마하라즈는 아주 연로할 때까지 수행을 가르쳤는데 그가 80대였을 때 누군가가 나이 많은 요가 수행자라는 것은 어떤 것인지 그에게 물었다. 그러자 그가 말했다.

"오, 난 그저 노년이 찾아오는 걸 지켜보기만 한다오. 거의 매일매일 기억이 해체되는 것을 보지요."

그러고는 크게 웃음을 터뜨렸다.

아마 그는 생각하는 마음이나 뇌보다 넓고 깊은 뭔가가, 혹은 이 모든 걸 지켜볼 수 있는 뭔가가 있음을 암시하는 것 같았다.

우리 중 대부분은 그토록 넓은 마음이 뭔지 은연중 알고 있었다. 만약 당신이 한 번이라도 자신의 생각을 관찰해 본 적이 있다면, 알아차림이 생각하는 주체보다 폭넓은 것임을 깨달았을 것이다. 명상 속으로 차츰 깊이 들어갈수록, 당신은 점점 더 관찰자가 된다. 그건 마치 팔 하나만 휘저어 헤엄쳐 빠져나오며 점점 더 당신이 누군지를 관찰하고, 그러다 보면 마침내 그 팔이 없음을 보게 되는 것과 같다. 당신은 관찰 그 자체다. 순수한 알아차림이다. 그 알아차림은 그 자체로 아무것에도 영향받지 않는다. 그저 있을 뿐이다. 나머지 모든 것은 풍경일 뿐이다.

태국에서 존경과 큰 사랑을 받는 숲속 수행 지도자 아잔 차는 생애 말년에 수술을 받았는데, 성공하지 못해 뇌에 물혹 같은 것이 남게 되었다. 정확한 상태가 무엇이었는지 모르지만, 남은 생 4~5년 동안 그는 의사소통을 할 수 없었다.

물론 우리는 스승을 우상화하지 않도록 조심해야겠지만, 스승의 말년에 대해서는 왕왕 그가 대단히 낭만적인 투사라고 할 만한 이야기들이 있을 수 있다. 하지만 사람들은 말하기를, 비록 아잔 차가 말을 하지 못했어도 여전히 그는 가까이 하기에 놀라운 존재였다고 한다. 그가 그저 있기만 해도 그것이 가르침이었다. 비록 말은 못 해도 여전히 그 순간에 존재하고 있었으며 누가 봐도 평온했다는 얘기다. 그를 찾아가 만나보면 마음이 고양되고 전혀 우울해지지 않았다고 말하는 사람들이 많았다.

태국의 숲속 수행 전통에서는 우리 안의 이 깨어난 부분을 '붓도'라 부른다. '아는 것'이라는 말이다. 명상 수행에서 이 말은, 숨을 들이마실 때 '붓'을, 내쉴 때 '도'로 발음하며 이를 주문처럼 되풀이하는, 집중의 고요한 대상으로 사용된다. 우리는 모두 절대적 현존이지만, 충분히 그 안에서 꺼내 쓰지 못했다. 우리가 명상하면서 이를 꺼내 쓴다면 수행하면 할수록 더 깊은 경지에 이르게 된다. 우리는 알아차림 자체를 인정하고, 이런 고요한 명징함으로부터 살며 행동하는 법을 배운다.

하지만 수행을 시작할 때는 지금이다. 뇌졸중이 오거나 알츠하이머 초기에 이를 때까지 기다려서 그제야 수행을 하고 싶지는 않을 것이다. 그러한 깊은 알아차림 상태에 들어갈수록 그것은 더욱 더 당신 손에 닿을 수 있는 것이 된다. 깊은 알아차림이 되는 상황에서도 우리는 마음 어느 곳이 영향받았는지 따져보고, 혹시 그 부분이 우리 피난처가 될까 봐 두려워한다. 스즈키 로시는 이렇게 말했다.

"우리가 수행하는 한 가지 목적은 노년을 즐기기 위해서랍니다. 하지만 우리 자신을 속일 수 없어요. 오로지 진실한 수행을 했을 때에만 그렇게 될 수 있으니까요."

나에게는 알츠하이머병을 앓고 있는 친구가 하나 있다. 자신이 알츠하이머병 환자라는 걸 안다. 그는 수년간 통찰 명상 수행을 해 왔다. 그는 기억을 아주 잃어 가고 있고, 그가 수행을 했다고 해서 이를 포장할 생각은 없다. 기억상실의 경우가 생겨도 그는 실망감에서부터 진정한 공포심까지 뭐든 경험할 수 있다. 때로 그가 말하고 있는 상대가 누군지, 왜 말을 하고 있는지 모르기도 한다. 그러나 그 공포심을 볼 수는 있다.

처음 기억을 잃는다는 것은 사회적 상황에서 보면 악몽 같았다. 그러나 그의 용기, 아내의 도움, 수년간의 명상 수행으로 그는 자신의 방향 감각 상실과 두려움에 대한 마음챙김을 기억했다. 친구는 내게 매일 아침 눈을 떠 보면 여기가 어딘지, 자기가 무엇을 해야 하는 건지 아무 생각이 나지 않는다고 말했다. 이러한 혼란과 방향 상실을 겪으며 마음챙기는 법을 그는 배웠다. 그는 더 이상 공황 상태에 빠지지 않는다. 그런 상태는 지나가고, 그러고 나면 그는 자기 몸을 씻기게 맡기고 하루를 지낼 준비를 한다. 그러니까 기억상실이 그에게 차츰 더 관리 가능해지게 되는 것이다. 그는 이제 기억이 상실되는 순간들을 오고 가는 무상한 현상으로 다룰 수 있게 되었다. 기억을 상실하는 것이 정말 힘들고 슬프지만, 그건 더 이상 그를 압도하는 현상은 아니다.

관건이 되는 질문은 이것이라고 생각한다.

"당신은 당신에게 주어진 삶을 살아낼 수 있습니까?"

"당신이 가진 것의 주인이 될 수 있나요?"

내 제자들 중 하나는 노인을 돌보는 일을 했었는데, 이와 관련해 멋진 이야기를 들려주었다. 그녀가 돌보는 환자들 중 한 사람은 93세인데 휠체어를 타고 있으며, 시력이 점점 감퇴하고 있었다. 그녀는 할머니에게 올더스 헉슬리의 『봄[視]의 기술』이라는 책을 갖다 주었다. 나중에 환자를 보려고 방에 들어가니 할머니는 책에 나오는 체조를 하고 있었다. 그녀는 언제나 하면 된다는 생각을 갖고 있어서 이렇게 말하곤 했다.

"난 일어서서 이 복도를 따라 쭉 걸어갈 거야."

비록 그런다고 할머니의 상태가 특별히 달라지지는 않을 것이지만, 그녀는 그렇게 하고 싶어 했다. 자기가 할 수 있는 것을 하고 싶어 했다.

내 동료 크리스토퍼 티트머스는 통찰 명상 센터의 객원 지도자인데, 그는 내게 좀 더 가슴 뭉클한 이야기를 들려주었다. 그에겐 종합병원에 다니는 의사 친구가 하나 있었는데 그가 친구에게 와서, 특별한 환자 한 사람을 만나 보라고 했다는 것이다. 그 환자는 어렸을 때 소아마비를 앓았고 인공 폐를 달고 있었다. 그렇게 40여 년을 꼼짝 못하고 있었다. 그러나 크리스토퍼가 그녀를 만났을 때 그녀는 미소 짓고 있었고 환히 빛나는 얼굴이었다. 주변의 모든 의사와 간호사들이 그녀를 사랑했고, 그녀는 행복하고 차분할 때가 많았다. 마침내 그가 물었다.

"어떻게 그렇게 행복하실 수가 있나요?"

그러자 그녀가 대답했다.

"가끔씩 누군가가 창문을 열어 주면, 그리로 산들바람이 불어오니까요."

우리는 우리가 누릴 수 있는 기쁨을 누린다. 우리도 모두 그렇게 산들바람을 느껴 보았다. 하지만 그 바람에서 기쁨을 누린 사람이 몇이나 될까?

마지막으로, 우리 아버지 이야기를 하고 싶다. 아버지는 내가 가장 잘 아는 본보기니까. 아버지는 알츠하이머병을 앓다가 돌아가셨다. 그리고 안타깝지만 그는 명상가가 아니었다. 생애의 대부분 그의 몸속에 너지 하나하나는 정확히 비종교적으로 사는 데에 바쳐졌다. 그는 종교가 대중의 아편이라고 생각하는, 예전에 열렬한 마르크시스트였던 분이었다. 종교에 반대하는 것이 그의 종교였다. 그는 랍비, 신부, 수녀, 그런 사람들을 싫어했다. 그들은 모두 기생충들이라고 생각했다. 그는 14대에 걸쳐 랍비를 해 온 집안의 반항적인 자식인지라, 이 문제에 대해서는 할 말이 무척 많았다.

아버지의 소신에도 불구하고 나는 어린 시절 몇 년간 정통파 유대교 교육을 받았다. 아버지는 나를 따로 옆에 불러놓고 "너희 엄마와 할아버지를 위해 교육을 받아라. 하지만 말짱 말도 안 되는 소리들이란다." 라고 속삭이곤 했다. 그게 아버지의 말씀이었고 나는 그 말을 믿었다. 그러다가 훨씬 뒤, 내가 명상이라는 걸 알게 되어 대학교에서 내 자리를 박차고 떠나니, 아버지는 난리가 났다. 나는 부모님을 찾아뵈면서, 물론 매일 하는 좌선 명상을 하려 했다.

"그건 기도 같은 건가 보구나."

아버지가 기도를 뜻하는 유대어를 써서 말했다.

"네가 랍비의 계보를 다시 잇는구나! 실컷 교육시켜 놨더니 결국 이 짓으로 돌아오다니! 넌 어쩌면 그리 바보 같을 수가 있니? 그 늙은 유대인들하고 똑같구나. 왜 그들은 인생을 갖고 뭔가 쓸모 있는 짓을 안 하나 몰라."

알츠하이머병에 걸리자 아버지는 명징한 마음 상태를 들락날락했다. 때로는 똑똑하고 깨어 있고 이성적인 것 같다가도 갑자기 흐리멍덩하고 매우 혼돈스러워졌다. 아버지는 현재의 어떤 일을 80년 전의 어떤 일과 뒤섞어 버리곤 했다. 거기엔 나름의 어떤 논리가 있었지만, 아버지 머릿속의 전깃줄은 몽땅 얽혀 있었다.

어머니가 더 이상 아버지를 돌볼 수 없었기 때문에 우리는 아버지를 요양원에 보내야만 했는데, 처음 요양원에 들어갔을 때 아버지는 그곳을 싫어했다. 특히 그곳 음식을 싫어했다. 네 번이나 도망쳐 나오려고 했다. 그는 걷지 못하는 노인이었지만, 어찌어찌 해서 그가 탄 휠체어가 모든 사람을 지나 문밖으로 빠져나가게 만들곤 했다. 아버지는 휠체어에서 일어서다가 눈 속에 넘어졌고, 누군가가 나중에 아버지를 찾아내곤 했다. 우리가 아버지를 방문했다가 오려고 하면 그는 마치 우리가 영원히 그를 버려두기라도 하는 듯 끔찍하게 실망하곤 했다. 그건 내게 지독히 힘든 일이었다. 하지만 그러면서도 난 아버지의 마음이 올바르지 않다는 걸, 그의 반응이 너무 지나치다는 걸, 무엇보다 아버지 자신도 그걸 알고 있다는 걸 느낄 수 있었다. 아버지의 눈을 보면 그것이 보였다.

약 2년 반이 흐르자, 사태는 달라지기 시작했다. 아버지는 그리 많이 불평하지 않기 시작했다. 실제로 음식도 좋아하기 시작했다. 마치 그

요양원 식당이 4성급 식당이라도 된다는 듯이 "나랑 같이 먹으러 가겠니?"라고 말하곤 했다.

가끔은 놀라울 정도로 평화로워 보였다. 이걸 믿어도 되는 건지 알 수 없었다. 나보다 아버지가 더 평온한 것 같았다. 한번은 내가 요양원에 가서 아버지를 껴안고 한바탕 호들갑을 떨었던 기억이 난다. 아버지가 좋아하는 크림치즈를 바른 베이글 빵과 훈제 연어를 갖다 드리고 등을 계속 쓸어 드리며 내가 얼마나 아버지를 사랑하는지 말했다. 아버지는 지그시, 침착하게 나를 바라보며 말했다.

"그렇게 애쓰지 않아도 된단다. 난 널 사랑하고, 네가 나를 사랑한다는 걸 안다. 됐다."

또 한 번은 내 아내가 아버지에게 말했다.

"아버님, 아버님은 늘 낙태에 반대해 오셨고, 생기와 원기가 넘치셨죠. 아버님은 삶을 사랑하시는 분이고, 그건 훌륭한 거예요."

아버지는 몇 분 간 조용히 앉아 있더니 말했다.

"그렇지 않다. 난 삶의 가치를 여섯 달 전에야 배웠단다."

우리는 그야말로 뒤집어졌다. 아버지는 알츠하이머병을 앓고 휠체어에 앉아 나날을 보내면서 삶의 가치를 배웠다. 늙고 몸이 아픈 와중에도 계속 배우고 있었던 것이다.

삶을 매듭짓기 조금 전에 여러 가족들이 아버지를 찾아갔는데, 우리가 아버지 방으로 다가가니 아버지가 러시아어로 무슨 말을 하는 소리가 들렸다. 아버지는 14세에 러시아를 떠나 그때 나이 아흔이었다. 그런데도 러시아어로 신에게 매우 공손한 어조로 이렇게 말하고 있었다.

"보십시오. 저는 평생 당신을 믿지 않고 살아왔습니다. 몽땅 말도 안 되는 소리라고 정말로 생각했어요. 그렇지만 이제 끝이 가까워 오니 제 마음이 열렸습니다. 전 정말 마음이 열려 있어요. 열려 있다고요. 하지만 제게 뭔가를 보여 주세요. 보여 달라고요. 내가 헛것을 보는 게 아니라고 말입니다."

그것만이 우리 모두에게 희망이 있다는 내 직감을 확인해 준다. 우리가 지금 어떤 모습을 하고 있건, 여전히 알아차리고 있는 우리의 깊은 부분이 있다. 열려 있고 뭔가를 보고 싶어 하는 부분이다. 우리의 수행은 바로 지금 그곳을 치고 들어가는 것이다.

병은 피할 수 없다

제 3 장

비록 내 몸은 병들었지만, 내 마음만은 병들지 않으리라.
그러니, 짐 지닌 자는 모두 수행을 해야 한다.

-붓다 (『나꿀라삐따 경』)

"나는 병들 수밖에 없다. 병은 피할 수 없다"

특히 상좌부 전통에서 병을 보는 여법한 태도는 상당히 급진적이며, 서양 문화가 갖고 있는 태도와는 매우 대조적이다. 아시아의 수행승들이라 하여 병들기를 원하는 것은 아니다. 그들도 건강, 그리고 건강이 수행에 부여하는 에너지를 좋게 생각한다. 그러나 몸이 병들게 되면, 그 또한 수행에 아주 좋은 기회라고 여긴다.

한 가지, 병은 만물의 예측불가능성을 즉각적으로 환기시킨다. 병이란 무상을 놀랄 만큼 확실하게 보여 주며 몸이 변하는 현상이고 무너진다는 것, 때로는 아주 빨리 무너진다는 것을 환기시켜 준다. 우리가 종종 모른 척 넘어가지만 병은 또 몸이 언젠가는 통째로 쇠락한다는 것을 환기시키기도 한다. 그 사실이 수행의 요체이기 때문에 우리는 이 환기시키는 요소를, 우리 내부를 깊이 들여다볼 기회로 이용한다. 우리는 종종 우리가 무엇이 아닌지를 봄으로써 우리가 무엇인지를 본다. 우리는 영속하는 신체적 개체가 아닌 것이다.

법대로 수행하는 사람들이 그렇듯이, 우리는 병이 나으려고 합리적으로 할 수 있는 것은 뭐든지 하지만, 스스로 병들었다는 사실을 한탄하지는 않으며 우리의 조건을 건강하던 시절과 끊임없이 비교하지도 않는다. 특히 몸져누워 있을 때 병은 수행의 유일한 기회를 준다. 갑자기 우리는 일상의 모든 책임과 신경 써야 할 일들을 떨쳐버릴 수 있다.

자리보전하고 드러누워 있는 경우가 아니라면 병은 소규모 집중 수행과 같다. 우리는 몸의 감각들과 마음을 미세하게 관찰할 기회를 갖는다. 아플 때는 감각 자체가 생생한 경우가 많다. 그 감각에는 통증도 포함되는데, 이는 수행을 강화할 수 있는 놀라운 기회를 준다.

이러한 태도는 서양 문화가 가진 태도, 아마도 공정하게 말하자면 대부분의 문화가 가진 태도와 꽤나 대조적이다. 우리는 힘차고 생산적이며 '할 수 있다'를 신봉하는 사회에서 우리의 튼튼한 몸을 자랑스러워하며, 질병이 진정 인간의 자연스런 일부분이며 변해 가고 전적으로 우리 마음대로 할 수 없는 몸에서 우리 자신을 발견하는 것의 한 부분인데도 그것을 도무지 일어나서는 안 될 일로 본다.

텔레비전의 감기약 광고를 보라. 그 모든 약 광고들에는 가능하면 빨리 사람들을 회복시키고 일터로 복귀시키는 내용이 들어 있다. 감기라는 증상을 가장 잘 감추는 감기약이 우선 사먹어야 할 약으로 소개된다.

좋은 기분을 느끼고 싶은 것은 당연하다. 그렇지만 이런 광고들을 보면, 마치 생산적인 작업만이 삶에서 유일하게 중요한 것인 듯하다. 옛날 문화에서는 생산적 작업 말고 다른 중요한 것들도 있다는 걸 알고

잘 죽는다는 것

있었다.

잘 알려진 위빠사나 스승 고엔까가 바로 이런 경우다. 그는 미얀마에서 사업가로 출발해 상당히 성공했다. 단 하나의 문제는 급성 두통이 있다는 것이었다. 이는 아마도 그가 받은 스트레스와 관련이 있었을 것이다. 그는 아시아, 유럽, 미국 곳곳의 박사들에게 조언을 구했다. 그가 두통을 달래기 위해 찾은 유일한 방법은 모르핀을 많이 쓰는 것이었다. 하지만 의사들은 계속 이런 식으로 나가면 결국 중독자가 된다고 말해 주었다. 그래서 그는 다른 방법을 찾았다.

한 친구가 그에게 우 바킨 사야기가 지도하는 열흘간의 집중 수행에서 하는 위빠사나 명상을 해 보라고 권했다. 지도 법사는 그를 집중 수행에 받아 주면서, 그에게 왜 여기 오고 싶었느냐고 물었다. 고엔까는 자기가 두통을 없애려고 노력중이라고 했다. 그렇다면 여기 올 수 없다고 스승은 말했다. 그건 명상을 오용하는 일이 될 터이며 그래봐야 듣지도 않을 거라고. 우리는 해탈을 위해 명상하는 것이지, 병을 고치려고 하는 것이 아니라고.

고엔까는 자신의 소소한 이유는 접고, 좀 더 큰 이유를 위해 집중 수행에 합류했다. 그는 명상에 몰두했고 그의 두통은 끝이 났을 뿐만 아니라 결국 그는 명상 지도자가 되어 전 세계에 명상 센터를 세웠다. 갖고 있던 사업 재주를 좋은 일에 쓴 것이다.

병은 한 사람의 삶에서 이런 식으로 전환점이 되는 경우가 많다. 병은 우리에게 사물을 좀 더 깊이 들여다볼 기회를 준다.

때로 사람들은 신체적 건강과 정신적 발전을 같은 것으로 본다. 그래서 병에 걸리면 수행에도 실패한 인생으로 본다. 순수하게 정신적이기만 한 삶을 산다면, 병에 걸리지 않으리라는 것이다. 스즈키 로시가 67세에 암으로 죽었을 때 내 제자 중 하나가 흘러가는 말처럼 암으로 죽다니, 그는 깨달은 존재였을 리가 없다고 했다. 더욱 어처구니없는 경우도 있었다. 내가 한번은 제자에게 치과 뿌리 치료를 받을 거라고 했더니 제자 얼굴에서 온통 충격과 실망의 표정이 보였다. 뭐가 문제냐고 물었더니 제자가 말했다.

"수행하겠다는 강한 서원을 세운 사람에게 어떻게 이런 일이 일어날 수 있나요?"

법에 대한 견해는 상당히 다양하다. 법은 인간의 몸을 다른 어떤 현상이나 마찬가지로 무상한 하나의 현상으로, 언젠가는 무너질 뿐만 아니라 항상 뜻밖으로 변하고 있는 것으로 본다. 우리는 몸에 영향을 미치는 어떤 조건들은 마음대로 할 수가 있지만, 또 어떤 조건들은 마음대로 할 수가 없다. 지혜의 일부분은 바로 그걸 아는 것이다. 우리는 몸을 보살펴야 하지만 깊이 보자면, 관습적이고 합법적인 의미에서 말고는 우리는 정말로 몸을 소유하고 있는 것이 아니다.

훨씬 더 여법한 관점은 서양의 많은 제자들에게 영향을 준 훌륭한 스승 아잔 차가 표명한 관점이다. 그는 말했다.

"조건들은 모두 제 나름의 방식으로 흘러간다. 우리가 웃든 울든, 조건들은 그 나름의 길을 간다. 사물의 자연적 흐름을 막을 수 있는 지식이나 과학은 없다. 당신의 치아를 들여다볼 치과 의사를 찾아갈 수는 있지만, 그가 치아를 고친다 해도 결국 치아는 자연적인 길을 갈 것이다. 치과 의사도 똑같은 문제를 갖고 있다. 모든 것은 결국 무너진다."

철학자 휴스턴 스미스가 언론인 빌 모이어에게 들려준, 일본의 어느 선 수행처에 머물렀던 체험담이 생각난다. 그는 중년 무렵에 선에 관심을 가지게 되어, 일본 여행을 할 때쯤엔 남들보다 나이가 좀 많았다. 스승들이 그를 조금은 봐주었지만, 그래도 일본의 집중 수행 기간인 '세신'이 지극히 까다롭고 그가 느끼기엔 비인간적이라고 생각했다. 참가자들은 매일 밤 세 시간씩만 자며 날마다 오랜 시간 명상하고 게다가 육체적으로 힘들게 일했다. 먹는 것은 거의 쌀뿐이었고 섭취하는 것은 하루에 900칼로리가 전부였다. 중년의 교수에게 습관이 되어 있던 삶보다는 훨씬 더 엄격한 것이었다.

스미스는 신참자들이 왕왕 그렇듯 상당히 흥분해서, 마침내 수행처의 최고 스님인 방장스님을 분연히 찾아가 만났다.

"이것 때문에 화가 나는 거로군요."

스님은 빙그레 웃으며 말했고 스미스는 '내가 화가 난다'고 말하며 이 조건이 얼마나 비인간적인지를 자세히 말했다.

"당신은 아마 이러다 병이 날 거라고 생각하겠지요."

스님이 말했고 스미스는 계속 장광설을 늘어놓으며 "나는 병이 날 것 같다."라고 말했다. 마침내 스님이 말했다.

"병이란 무엇입니까? 건강이란 또 무엇입니까?"

그래서 대화는 중단되었다. 스미스는 자기가 말하고 있는 모든 말 뒤엔 이분법이 있다는 것을 깨달았다.

이는, 병 같은 것은 아예 없다고 말하기 위함이 아니다. 병과 건강은 우리가 의사를 만날 때는 쓸모 있는 분별이다. 문제는, 우리가 자아로서 이 분별에 집착하며 이를 우리의 존재로 본다는 것이다. 이 때문에 우리는 체험과 유리되며, 우리 삶과 친밀하지 못하게 된다.

그러니까 병이 있고 건강이 있는 것이다. 그러나 좀 더 특별하게 보자면, 단지 지금 당장 우리의 상태만이 있을 뿐이다. 우리는 이 상태를 가지고 수행하는 것이다.

건강의 기준은 절대적이지 않다

나는 요가를 통해 정신 수행의 길로 접어들었고, 내가 자연 치유에 관심이 많아져 갈 때 시와난다 사라스와티에게 가르침을 받았다. 나는 요가나 자연 치유에 큰 관심을 두며 수행을 해 나갔으나 함께 수행하던 위빠사나 스승들 대부분은 이런 것들에 관심을 두지 않았다.

이런 관심 차이는 내가 아플 때 두드러졌다. 스승들 중 한 분은 내게 이렇게 말했다.

"나는 그저 병이 나면 초콜릿이나 과자를 많이 먹지. 그러면 기분이 나아지고 좀 더 빨리 낫는 데 도움이 되거든. 그게 뭐 잘못 됐나?"

그것이 그에게 효과가 있다면 전혀 잘못된 것이 없다. 내 관심은 남들에게 어떻게 살지 말해 주는 것이 아니라, 나 자신이 마음챙김을 도움으로 삼아 쓰면서 어떻게 살아갈지 그 방법을 배우는 것이다.

사람들은 건강 문제에서 양극단으로 나뉘는 경향이 있다. 붓다는 얼마 동안은 금욕주의자들과 함께 수행을 했다. 그들은 몸이 실제로 방해물까지는 아니라도 적어도 중요치 않다고 믿는 듯했고 마치 몸과 유리되기를 원하는 것처럼 행동하여, 음식도 거의 먹지 않았다. 전해오는 이야기에 따르면 한때 붓다는 하루에 쌀 한 톨로 버텼다고 한다. 잘 알려진 얘기지만 붓다는 결국 고행이 수행의 최선의 길이 아니라고, 중도가 더 나은 방법이라고 결론을 내렸다.

시와난다 사라스와티도 몸의 건강 따위는 관심조차 없는 금욕주의를 따르는 힌두교 승려들에게서 수행을 배웠었다. 내가 보기에 세속인이건 종교인이건 건강을 돌보지 않는 사람들은 금욕주의적 수행 전통을 따르는 사람들로 보였다. 그들은 뭔가 더 고상한 노력이라고 생각되는 것을 위해 몸을 소홀히 한다. 몸은 때로는 이러한 경시에 대해 앙갚음을 하고 마치 원수 같은 행위로 보답한다.

반대편 극단은 빠지기 쉬운 덫으로서, 건강에 강박적으로 집착하는 것이다. 붓다는 여러 경전에서 '몸속의 몸' 이야기를 하는데, 그것은 몸에서 무슨 일이 일어나고 있는지 순간순간의 감각, 끊임없이 변화하는 느낌으로서의 체험을 의미한다. 그러나 건강을 광신하는 사람들은 때로 그들 몸의 이미지에 강박적으로 사로잡힐 수 있는데, 이는 수행에 장애가 될 수 있다. 그들은 날씬하고 젊고 건강하고 빛나 보이고 싶어 한다. 그들은 건강 문제를 또 하나의 모습을 띤 허영, 갈애로 만들어 버린다. 마치 자기들이 그 몸인 것처럼 산다. 노화와 '싸우고' 병을 '무찔러야' 한다는 말에서 보듯이 일부 건강 잡지에서 쓰는 이러한 언어는 분명히 군대에서 쓰는 말 같다. 그러나 노화와 병은 결국 '무찔러'지는 것이 아니다.

오늘날 사람들이 하고 있는 요가 수행 중 어떤 것을 나는 때로 '표범 요가'라 부르는데 이는 더 멋진 복근, 더 탄탄한 허벅지, 그리고 무엇보다도 더 모양 좋은 엉덩이를 만들고 싶다는 욕망에서 촉발된 것이다. 내가 수행하는 하타 요가는 오래되고 존경할 만한 정신적 전통이다. 하타 요가의 달인들이 지금 요가가 그렇게 하찮은 관심을 채우는 데 쓰이는 것을 본다면 놀라 자빠질 것이다. 오늘날 건강의 유행을 따르는 많은 사람들은 명상이나 마음 수행을 좀 더 중요한 것의 덜 중요한 부수물로 보거나 자신의 정신생활도 잘 유지되고 있음을 확실히 하기 위해 매일 '몇 분간'만 하면 되는 것쯤으로 본다.

그 정도까지는 아니었지만 나도 몇 년 전에 몸을 돌보는 일에 휩쓸린 적이 있었다. 물론, 그건 어마어마한 연구 분야라서 점점 더 빠져들 수가 있다. 나는 건강에 지나치게 빠져들었을 때의 고통을 보았다. 그리고 해가 가면서 건강에 대한 나의 관심이 균형을 잃지 않는 성취를 이룰 수 있었다. 건강과 심신의 전일성에 대해 관심을 가질 때 지혜가 제 역할을 해야 한다는 사실을 깨닫는 게 중요하다. 우리가 하는 모든 일은 지혜에서 나와 지혜로 돌아가야 한다.

그 사실을 내게 깨우쳐 준 사람 중 하나는 지금은 세상을 떠난 티베트 불교의 유명한 스승 최걈 트룽빠였다. 나는 그가 각종 센터들을 창립하고 그를 유명인으로 만든 저서를 출간하기 전에 그가 처음 미국에 왔을 때 그를 알았고, 내가 아직 대학교수였을 때 그를 초청하여 수업 시간에 법문을 들은 적도 있었다.

어느 날 수업 후에 우리 둘이 교정을 가로질러 걷고 있을 때 그가 점심을 같이 먹자고 제안했다. 나는 그에게 지금 내가 단식 중이라고, 요가를 통해 단식 수행에 관심이 커졌고 지금까지 단식을 계속해 큰 효험을 보았다고 말했다. 그는 흥미로워하더니 왜 단식을 하느냐고 물었고, 나는 애써 설명했다. 말을 마칠 때쯤 그가 내 등을 세게 치며 말했다.

"그래서 무얼 하려고요? 영원히 살려고요?"

그의 말은 적확했다. 나는 나를 휘감고 있던 것이 무엇인지를 지적해 줄 누군가가 분명 필요했던 것이다.

나는 몸에 대한 내 모든 애착이 시작되던 때가 바로 죽음의 고통에 시달리던 시기라는 것을 떠올렸다. 내가 하던 모든 일, 내가 만들고 있던 이 멋진 기능적 몸이 결국은 아무것도 아닌 게 되어 버린다는 것이 내겐 끔찍하게 슬픈 일로 보였다. 그건 공정치 못한 일인 것 같았다. 그러나 그건 단지 또 하나의 집착일 뿐이었다. 나는 건강에 집착하고 있었던 것이다.

몸은 단지 앞에 소개한 붓다의 네 번째 성찰이 말하듯 결국은 우리가 단념해야 하는 것 중의 하나일 뿐이다. 우리의 과제는 지금 몸을 단념하는 것이며, 그 무상함과 우리가 단지 몸에 많은 통제를 가하고 있을 뿐임을 보고 그 다음에는 우리가 할 수 있는 최선을 다하는 것이다. 지혜가 제 역할을 하고 있는 한, 몸은 우리를 제자리에 서게 한다.

건강을 둘러싸고 제기될 수 있는 모든 문제는 마음챙김을 위한 더 좋은 수행 기회가 될 뿐이다. 채소와 과일만 먹으라는 둥, 자연식만 먹으라는 둥 여러 가지 처방이 있지만, 나에게는 나만의 지침이 있다. 그러나 이런 개인적 발견과 선호는 이 책의 주제가 아니다.

얼마나 많은 음식을, 그리고 어떤 종류의 음식을 먹어야 가장 좋은 상태가 되는가? 어떤 음식은 마음을 가볍게 하고, 또 어떤 음식은 우리를 불안하게 하고 자극한다. 음식을 일정량 먹으면 마음의 에너지가 커지고 더욱 명징해지지만 어떤 양만큼 먹으면 그렇지 않다. 얼마만큼 운동을 해야 건강을 유지할 수 있고 정신의 명징함을 유지할 수 있는가? 얼마나 오래 자야 하는가? 이런 문제에 대한 답은 사람마다, 또 같은 사람이라도 때에 따라 다르다. 다른 것을 시도해 보고 당신의 몸이 어떻게 느끼는지를 보라. 답은 아마 나이 들어감에 따라서도 달라질 것이다. 결정적으로 뒷전에 물러나 앉아 '그래, 난 건강해'라고는 결코 말할 수 없을 것이다. 왜냐하면 모든 것이 끊임없이 변하기 때문이다. 건강이란 당신의 상태에 적절히 맞추는 문제이다.

이 문제를 깊이 들여다볼 수 있는 이상적 장소의 하나가 집중 수행처이다. 그곳에는 자신을 관찰하기 위한 조건들이 거의 실험실처럼 갖추어져 있다. 당신은 아주 많이 명상을 하고 당신의 몸과 가까이 접하게 되어 다양한 부류의 음식, 다양한 양의 액체, 여러 종류의 걷기 효과를 관찰할 수 있다.

음식 문제는 특히 중요하다. 통찰 명상 센터에서는 맛있는 채식이 식탁에 뷔페식으로 차려져 있고 명상자들은 그 식탁에 가서 알맞은 양만큼 덜어다가 마음챙김을 하며 먹는다. 조용한 상황이기에 사람들은 종종 음식을 화제로 삼는다. 왜냐하면 그런 상황에서는 자기 마음이 음식과 어떤 관계를 맺는지를 면밀히 지켜볼 수 있기 때문이다. 당신이 얼마나 자주 음식을 단지 영양 섭취 수단만이 아니라 위안과 오락을 위한 도구로 쓰고 있는지 보게 되면 놀라울 것이다. 이런 관찰은 나중에 집에 돌아온 뒤 당신의 먹는 방식을 바꾸어 놓을 수도 있다.

집중 수행을 하면 잠도 흥미로운 화제가 된다. 집중 수행처에서는 새벽 다섯 시에 시작하여 밤 아홉 시까지 길고도 힘든 하루를 보낸다. 많은 사람들이 그저 습관적으로 그 시간이면 방으로 가고, 선택 사항인 밤 명상은 하지 않으면서 하루를 마쳤다고 말한다. 그러나 특히 집중 수행이 진행되면서 사람들은 시간 연장을 하여 깊은 명상을 하면 기운

이 빠지는 것이 아니라 오히려 힘이 생긴다는 걸 알게 된다. 초기에는 아프고 고통스럽지만, 나흘째나 닷새째가 되면 에너지가 비축된 저장소를 톡톡 두드리고 들어가는 듯한 생각이 든다. 나는 제자들에게 정말 어떤 느낌이 드는지 물어보고 에너지가 좀 있다면 간밤의 좌선으로 돌아가 보라고 격려한다.

때로는 늦게까지 좌선한다는 것이 지혜의 표현이다. 어떤 때는 잠자리에 든다는 것이 지혜의 표현이다. 체험한 것을 주의 깊게 관찰해 보면 보일 것이다. 올바른 행동을 분간할 수 있는 능력은 수행을 하면 단련될 수 있다. 그건 단지 할 수 있는 한 많이 앉아 있는 문제만이 아니다. 당신이 지금 어떤 상태인지를 마음챙김으로 배우는 것이다. 마음챙김은 어떻게 살아야 하는지를 알려 준다. 집중 수행을 마치고 집에 갈 때도 똑같은 원칙이 적용된다.

통증을 다루는 방법들

집중 수행은 또한 고통을 다루는 이상적 기회이기도 하다. 고통은 집중 수행 때 종종 몰려들며 이보다 좀 더 큰, 병이라는 주제로 들어가는 훌륭한 입구가 될 수 있다. 병은 '둑카 웨다나', 즉 불쾌한 느낌의 전체 영역을 포괄한다. 병을 대할 때 우리가 배워야 할 것이 바로 '둑카 웨다나'이다.

이 주제를 조심스럽게 소개할 필요가 있겠다. 어떤 사람들은 집중 수행 때 우리가 오랜 시간 가부좌를 틀고 앉아 있으며 때로 그 자세는 상당히 고통스럽고 또 그 고통을 관찰한다는 것을 소문으로 듣고는, 우리 수행 속에 육체의 학대도 들어간다고 생각한다. 그럴 의도는 전혀 없다. 명상자가 꼼짝도 말라는 지침을 받고, 만약 움직이면 누군가 소리를 질러 제지하는 명상 전통들도 있다. 명상자들은 다른 사람들 앞에서 움직이지 않겠다는 서약을 할 수도 있다. 명상자들이 저녁 무렵부터 새벽까지 잠도 안 자고 용맹정진하는 전통도 있다. 나는 이런 전통들을 이어가는 많은 곳에서 명상을 해 보았는데, 이런 수행법들은 확실히 가치가 있다.

그러나 내가 그런 전통에 입각하여 가르치지 않는 이유는 그것들이 건강하다고 생각하지 않기 때문이다. 나는 제자들에게 신체적 움직임을 최소한만 유지하도록 노력하고, 만약 움직인다 해도 늘 마음을 챙기며 움직이라는 지침을 준다. 이런 지침 덕분에 명상자들은 자기들 나름의 속도로 지낼 수가 있고 좀 더 오랫동안 차츰차츰 더 고요하게 머물 수가 있다. 항상 이리저리 움직이고 있으면 집중을 계발해 가기가 어렵다. 그러나 나는 제자들에게 고통을 다루고 고통이 나타날 때는 고통 때문에 꼼짝도 할 수 없는지 보라고, 그리고 고통과 직면하고 고통을 하나의 현상으로 보라고 격려한다.

고통은 삶의 일부분이다. 그럼에도 우리는 삶의 대부분을 쾌락을 좇으며 고통을 피하고, 그럼으로써 우리 자신에게 괴로움을 만들어 내는 데 쓴다. 삶에서 일정량의 고통은 피할 수 없으며, 특히 좀 더 큰 주제인 '아픔, 늙어 감, 죽음'과 관련해서는 더 그렇다. 만약 우리가 도망치지 않고 꼿꼿이 서서 대면한다면, 고통을 좀 더 잘 다룰 수 있을 것이다.

위대한 인도의 수행자 샨티데와는 그것을 이렇게 잘 표현하고 있다.

"무엇이든지 잘 알게 되면 더 쉬워지지 않는 것은 없다. 그러니 나는 소소한 해악들을 잘 앎으로써 좀 더 큰 악을 받아들이는 것을 참을성 있게 배우겠다."

나의 첫 위빠사나 스승이었던 아나가리카 무닌드라는 내가 처음으로 죽음 알아차림 수행하는 법에 대해 문자 샨티데와와 똑같은 말을 해 주었다. 나는 죽음이 가까이 다가올 때 어떻게 수행할지에 특히 관심이 있었다. 당시 내 몸속에 심하게 괴로운 감각들이 있었기 때문이다. 그는 말했다.

"새롭게 할 건 없다. 그동안 해 온 수행을 계속해. 그러면 수행에 힘이 붙을 거야. 죽을 때가 닥쳐와도 해야 할 과제는 지금까지와 똑같아. 신체적 고통을 관찰하고 마음이 그 고통을 어찌 다루는지 보면 돼. 눈앞에 뭐가 닥치든, 설혹 죽음이 와도 수행이 더 강해지게 만들면 돼."

또한 빠알리어 경전에 고통에 관한 가르침이 있다(『상윳따니까야』 52 「아누룻다 상윳따」 10, 「중병경」).

> 한때 아누룻다 존자가 몸이 아프고 중병에 걸려 사왓티 근처의 어두운 숲에 머물고 있었다. 그때 많은 승려들이 그를 찾아와서 물었다.
> "제발 말씀해 주십시오. 존자님의 삶이 어떠하기에, 일어난 괴로운 몸의 느낌이 마음에 영향을 주지 않는 것입니까?"
> 아누룻다가 이렇게 대답했다.
> "도반들이여, 그건 내가 마음챙김의 네 가지 확립에 잘 바탕을 두고 마음과 함께 머물고 있기 때문입니다. 그래서 일어난 괴로운 몸의 느낌이 마음에 영향을 주지 못하는 것입니다."

마음챙김의 네 가지 확립(4념처)은 대단한 가르침이다. 그것들은 정말 모든 위빠사나 명상의 기초이며, 우리 주의의 초점을 이끌어 그것이 포괄적이고 체계적인 방식으로 움직이게 하는 방법이다. 나 자신의 수행과 가르침도 붓다의 『호흡관법경』에 나오는 이 네 가지의 확립에 바탕을 두고 있다.

마음챙김의 첫 번째 확립은 몸이니, 즉 몸을 중심으로 하여 마음챙김을 실천하는 것이다. 거기엔 주의의 대상인 숨도 포함된다. 두 번째 확립은 감각이다. 감각들은 몸속에 있지만, 이제 우리는 특정 감각이 유쾌한지 불쾌한지 아니면 중립적인지에 초점을 둔다. 세 번째 확립은 마음의 방대한 영역인 탐진치에 강조점을 둔 무척이나 다양한 번뇌의 마음 상태들이다. 네 번째는 지혜의 영역으로, 위빠사나 수행 그 자체의 영역이다. 모든 현상, 몸의 감각과 마음의 상태가 끊임없이 변하며 그것이 자아가 아니라는 것을 명징하게 또 그때그때 반응하지 않으면서 보는 것이다.

네 가지 확립 모두 고통을 관찰하는 것과 연관된다. 고통은 몸에서 일어나지만, 마음 또한 거기에 작용한다. 그리고 우리가 충분히 오래 고통에 머물 수 있다면 결국 고통이 무상하다는 점을 알게 된다. 그렇지만 가장 기본적으로, 고통은 두 번째 감각의 현상이다. 고통은 몸의 감각의 한 형태로 이 경우엔 불쾌한 감각이다. 문제는 이것이다. 고통을 어떻게 다룰 것인가? 우리의 고통을 어떻게 돌볼 것인가?

여기서 다시 두 화살의 이야기로 돌아간다. 이 이야기는 감각과 그 감각에 대한 반응을 잘 보여 주는 놀라운 방식이다. 붓다가 비구들(일반적으로 비구는 남자 스님을 의미하지만, 빠알리어로 비구는 진지하게 수행하는 모든 이까지 포함한다.)에게 설법을 한다.

비구들이여, 모르는 사람들은 유쾌한 감각, 불쾌한 감각, 유쾌하지
도 불쾌하지도 않은 (중립적) 감각을 느낄 것이다. 이미 알고 있는
성스러운 제자들도 어느 정도 유쾌한 감각, 불쾌한 감각, 유쾌하지
도 불쾌하지도 않은 감각을 느낄 것이다. 비구들이여, 이 경우 무엇
이 특별하거나 이상하며, 이미 알고 있는 성스러운 제자와 알지 못
하는 사람들 사이의 차이는 무엇인가?

비구들이여, 알지 못하는 사람들, 불쾌한 감각의 힘에 종속된 사람
들은 정신없이 슬퍼하고 애도하며 울고 탄식한다. 그들은 이 두 가
지 유형의 감각, 신체적 감각과 정신적 감각을 느낀다.

그건 마치 하나의 화살로 어떤 사람을 겨누면서 또 하나의 화살로
같은 사람을 쏘는 사냥꾼과 같다. 이 경우, 이 사람은 신체적 화살과
정신적 화살로 인한 감각을 느낀다. 알지 못하는 사람들은 이와 같
다… 그들은 두 가지 유형의 감각인 신체적 감각과 정신적 감각을
느낀다…

비구들이여, 이미 아는 성스러운 제자들은 불쾌한 감각들을 격렬하
게 느낄 때도 슬퍼하거나 애도하고 울며 탄식하지 않는다. 가슴을
치며 울거나 정신을 잃지도 않는다. 그들은 오직 신체적 감각만을
느낄 뿐, 정신적 고통은 느끼지 않는다.

이는 마치 하나의 화살로 어떤 사람을 쏘면서 또 다른 화살은 빗맞
히는 사냥꾼과 같다. 이 경우, 그 사람은 단 하나의 화살의 감각만
느낄 것이다. 이미 깨우친 성스러운 제자들도 이러하다…. 그들은

오직 신체적 고통만을 느낄 뿐, 정신적 고통은 느끼지 않은 채로 있다. (「화살경」 S36:6)

9일간의 집중 수행에 들어가서 명상하는 사람을 한번 상상해 보자. 둘째 날, 이날은 흔히 신체적 고통이 가장 심한 날이다. 그는 점심 후 꼿꼿이 앉아 있다. 점심 직후는 보통 기운이 빠지는 시간이다. 우리의 명상자는 그동안 등에 좀 문제가 있었다. 날마다 몇 시간씩 똑바로 앉으려고 노력을 기울이느라 피곤했던 것이다. 아침 명상 시간이 끝나갈 무렵 그의 다리에 쥐가 나기 시작했다. 겨우 자리에 앉았는데 앉자마자 다시 등이 뻣뻣해진다. 그가 채 알기도 전에 마음은 공중에 붕 떠 버렸다.

"등이 또 아프면 안 돼! 점심 후엔 좀 낫기를 바랐건만. 이번 명상 시간이 몇 분 남았지? 내가 한 거라고는 이 아픔이 얼마나 더 심해질까 하는 생각뿐이야. 더 아프면 제대로 해낼 수 있을 것 같지 않아. 두 번의 밤 명상은커녕 두 번의 오후 명상을 어떻게 해내지? 통증이 누그러지지 않으면 어쩌지? 참을 수 없이 아프면 어쩌지? 이 방을 아예 나가야 하면 어떡하지? 그러게 애초에 이 바보 같은 집중 수행엔 뭣하러 오고 싶어 했을까? 명상은 왜 해 가지고?"

기타 등등. 마음은 얼마 동안 이런 식으로 계속할 수 있다.

분명 이는 두 번째 화살의 보기다. 우리가 예로 든 명상자는 등의 통증에서 시작해서 (몇 초 만에 그런 것 같다.) 급기야는 수행하기로 한 결의를 몽땅 의심하기에 이른다. 수행이 익어 가면서 통증을 둘러싼 마음의 작용을 지켜보는 것이 가능하다. 재미도 있고 유익하기까지 하다. 그러나 훨씬 더 효과적인 방법은 통증 그 자체에 집중하는 것이다.

명상은 '이것'에 둔 초점을 '저것'으로 멀리 옮겨 놓는 것이다. 우리는 마음이 이 생각 저 생각하는 것을 중단시킬 수는 없다. 명상을 해 본 사람이라면 누구나 그렇게 말할 것이다. 그러나 초점을 생각으로부터 멀리 옮겨 놓을 수는 있다. 우리가 통증에 초점을 맞춰 몸의 감각에 집중하고 있을 때, 생각의 속도는 극적으로 느려진다. 에너지를 생각에 사용하지 않고 몸에 주의를 두는 데 사용하는 것이다.

이제 우리는 첫 번째 화살, 피할 수 없는 화살로 돌아온 것이다. 살면서 어느 정도 신체적 통증을 느끼는 것은 당연하다. 우리는 본능적으로 통증에 저항하고 거부하고 회피하지만, 우리가 통증에 초점을 맞추면 통증이 우리가 생각했던 것처럼 그렇게 나쁘지는 않다는 점을 알게 된다. 통증이 나 자신이라는 우리의 생각이 통증을 지독한 고통으로 바꾸어 놓는 것이다.

면밀히 들여다보면 통증에 대한 어떤 신체적 저항만이 아니라 통증 그 자체도 알아챌 경우가 많다. 통증 부위를 둘러싼 근육들은 통증을 피하느라 잔뜩 긴장해 있다. 그러나 긴장 그 자체가 통증의 한 형태다. 때로 온몸이 긴장하고 통증으로 괴롭다. 등이나 무릎에서 시작된 미미한 통증 때문이다. 만약 그 긴장을 볼 수 있다면, 특히 이 과정 초기에 그럴 수 있다면, 통증이 멎는 경우가 많다. 그러면 당신은 원래의 통증, 원래의 화살로 돌아간다.

대부분의 생각이 통증을 더 악화시킨다는 것을 당신은 눈치채게 될 것이다. 다만 몇 분간만이라도 통증에서 주의가 멀어지면 바로 통증은 심해진다. 하지만 처음에는 누구든 주의가 이리저리 산만하게 흩어지는데, 그런 이유로 자신을 벌할 것은 없다. 수행을 하면 할수록 더 잘 수행하며 머물 수 있게 된다. 우선 통증에 집중하며 있는 것이 스스로에게 특전을 베풀고 있는 것임이 보이기 시작한다. 통증에 제대로 머물수 있다면 그건 정말로 그리 나쁘지 않은 일이다.

통증을 줄이려고 애쓰지 않는 것, 통증이 사라지게 하려고 마음챙김을 사용하지 않는 것이 중요하다. 누구나 통증을 없애고 싶어 하지만, 아마 어떻게 해도 그건 되지 않을 것이다. 마음 한구석엔 그런 갈망이자리 잡고 있으므로, 마음은 통증과의 친밀한 접촉과 분리된다. 그러나변화시키는 힘을 갖고 있는 것은 바로 그 친밀함이다.

통증을 없애려는 대신, 통증이라는 현상을 아주 가까이서 뜯어보려고 노력해야 한다. 우리가 지금은 신체적 통증을 예로 들고 있지만, 다른 통증도 마찬가지다. 모든 통증은 신체적 요소를 지니고 있다. 당신은 통증에 대해 아무 생각도 하지 않고 그냥 명징하게 보기만 함으로써 통증에 관해 배운다. 아무 계산도, 책략도 없고 통증을 뛰어넘어야할 대상으로 보지도 않는다. 이 순간 통증을 살펴보고 있는 것이다.

만일 당신이 오랜 시간 동안 통증에 집중한 채로 머물 수 있다면 통증이 역동적인 활동이라는 것을 알 수 있게 된다. 우리는 통증을 어떤견고한 실체가 있다고 생각하지만, 실은 그렇지 않다. 통증은 얼마 동안심해지다가 차츰 나아진다. 함께 스러졌다가 앙갚음하며 되돌아오기도한다. 그러나 통증에 견고한 실체는 없다. 만약 당신이 정말로 집중하여더욱 미세한 수준까지 간다면, 당신은 통증을 에너지 다발이나 흐름이라기보다는 깊은 진동으로 느끼게 된다. 이는 통증이 본질적으로 공(空)함을 보는 법이다. 통증은 결국 끝나며 바로 여기 있을 때도 견고하지않다. 통증은 핵심을 지닌 실체가 아니고 하나의 과정인 것이다.

통증과 같은 현상을 잘 살펴보려면, 그저 마음챙김(사띠)으로 볼 뿐만 아니라 지혜가 있는 마음챙김(사띠빤냐)으로 볼 필요가 있다. 통증에 직접 초점을 맞추려면 바른 정진이 필요하다. 주의를 집중한 채 유지하려면 바른 집중이 필요하다. 통증의 참된 향내와 품성을 보려면 마음챙김이 필요하다. 그 무상하고 자아 없는 본성을 보려면 지혜가 필요하다. 통증은 일어났다 사라지며, 당신이 아니다. 그저 통증일 뿐이다.

일단 통증 속으로 충분히 들어가면, 고통 받는 '나'라는 것이 없다. 그저 통증만 있을 뿐인데, 통증은 관찰할 수 있으며, 그러므로 어떻게 손을 써 볼 수 있다. 당신이 지금 하고 있는 일은 통증이 자세히 살펴보고 함께할 만한 것임을 보고 통증과 함께 일어나는 것들을 철저히 재점검하는 것이다.

우리가 통증과 같은 현상을 다룰 때는, 어찌 보면 두 종류의 시간, 시간의 두 개념을 다루고 있는 셈이다. 하나는 우리가 심리적인 시간이라고 부를 수 있는 것, 생각하는 마음이 지어내는 시간이다. 이 통증이 얼마나 오래갈지, 얼마나 더 심해질지, 언제쯤이면 좀 나아질지 궁금해하는 마음 말이다. 이런 종류의 시간은 우리를 잡아먹는다. 그것은 수그러들 줄 모르며 우리 삶을 좀먹는다.

이와 정반대가 우리가 절대적 시간이라고 부를 수 있는 것, 즉 이 순간 정확히 사물이 있는 그대로인 채로 우리가 사물과 함께하는 시간이다. 우리는 다음 순간 사물들이 어떨지 궁금해하지 않는다. 그저 있는 그대로 사물들과 함께할 뿐이다. 그렇게 살면 시간이 우리를 잡아먹는 것이 아니라 우리가 시간을 잡아먹는다. 마치 시간이라는 것이 아예 없는 듯하다. 우리가 시간으로부터 자유롭기 때문이다. 우리는 '되어 감'

으로부터 자유롭다.

도겐 선사는 조동종의 중심 사상을 담은 『정법안장』에서 이 개념을 놀라운 은유로 표현했다.

> 장작이 재가 되었다가 다시 장작이 되지는 않는다. 그렇지만 재가 미래이고 장작은 과거라고 생각하지는 말라. 장작은 장작의 현상적 표현 속에 깃들인다는 것을 이해해야 한다. 장작은 과거와 미래를 충만히 포함하면서도 과거와 미래에서 독립되어 있다. 재는 재의 현상적 표현 속에 깃들인다. 재는 충만히 미래와 과거를 포함한다.

이처럼 통증과 하나 되는 것, 통증과 분리되지 않고 받아들이는 것이 통증을 다루는 최선의 방법이다. 장시간 명상 집중 수행 때 오는 통증이건, 중병의 통증이건 마찬가지다. 물론 삼매가 아직 충분히 계발되지 않은 사람들은 그럴 수가 없다. 그래서 통증을 다루는 다른 방법들을 제시한다. 하나는 그저 호흡에 초점을 맞추는 것이다. 이 수행은 통증을 인정하지만, 그것이 특히 어떤 시간에 명상자에게 너무 심하다는 것을 받아들인다.

통증이 너무 심해질 때나 통증을 따라가는 노력에 지쳤을 때 호흡으로 스위치를 전환하는 것은 하나의 선택지일 뿐이다. 만약 당신이 통증을 따라잡을 수 있다면 가능한 한 빨리 통증으로 돌아오는 것은 중요하다. 이렇게 명징하게 바라봄[觀]으로써 통증으로부터 배움을 얻는다.

좀 더 포괄적으로 볼 수도 있다. 예컨대 등이나 무릎에 통증을 느낄 때 주의를 온몸으로 넓혀 간다. 이때 호흡에도 주의를 기울인다. 통증을 무시하고 있는 게 아니다. 온몸의 일부분으로 그 통증의 존재를 체험하고 있는 것이다. 온몸으로 받아들이면 감각을 확산하고 통증을 받아들이기가 좀 더 수월하다.

가끔씩 통증을 무시하는 것도 방법이 될 수 있다. 당신은 아픈 몸 부위로부터 주의를 멀리 돌려 아프지 않은 부위에 초점을 맞추고, 그 다음 할 수 있다고 느껴질 때 차츰 통증의 중심부로 돌아온다.

제자들이 특히 장시간 좌선을 할 때 오는 지독한 통증을 다룰 수가 없다고 말하면, 나는 그들에게 처음엔 소소한 통증으로 시작하라고 말해 준다. 우리 일상은 우리가 거의 알아채지 못하는 작은 아픔들로 가득 차 있다. 그것들에 초점을 맞추고 그 아픔들이 일어났다가 사라지는 것을 지켜볼 수 있다면, 우리는 일상생활과 좀 더 밀접하게 접촉할 뿐만 아니라 더 큰 통증에도 주의를 기울일 수 있는 능력을 차츰 계발하게 된다.

나는 또 제자들에게 통증과의 싸움에서 이길 수는 없다고 진지하게 말해 준다. 좌선을 할 때, 이제껏 느낀 것 중 최악의 통증을 경험하는 그런 자세가 있을 것이다. 그때 통증에 반응하지 않고 줄곧 깨어 있을 수 있으면 통증은 사라진다. 그러다가 몇 주나 몇 달 뒤에 그보다 덜한 통증이 와도 당신은 여전히 통증을 다룰 수 없다. 그처럼 특정 순간 발생하는 많은 것들이 우리의 에너지와 집중과 관계가 있다. 그러므로 통증이 있을 때마다 늘 새롭게 바라보아야 한다.

가장 중요한 것은 통증도 삶의 일부라는 것이다. 우리는 통증으로부터 달아나는 데 아주 많은 에너지를 들이지만 그건 쓸데없는 일이다. 왜냐하면 통증이 이러저러한 방식으로 다시 우리를 따라잡을 것이기 때문이다. 게다가, 살다 보면 중병을 앓는다거나 임종의 순간처럼 통증이 바로 거기 있는 그런 때, 우리 몸과 마음을 우리로서도 어떻게 해 볼 수 없다는 걸 뚜렷이 보게 되는 때와 마주한다. 통증을 점잖게, 결정적으로 다루고, 있는 그대로의 통증과 함께하는 법을 일찍 배우면 그런 힘겨운 상황에서도 좀 더 잘 존재할 기회를 갖게 된다.

통증은 불쾌한 감각을 알려 주는 탁월한 예시가 된다. 복잡한 마음 상태로 번져 나가면서 종종 우리를 커다란 고통으로 이끈다. 이러한 인과의 사슬에서 감각 자체는 연약한 연결고리이다. 평정심으로 통증을 그저 알아차리는 법을 배울 수 있다면, 우리는 숱한 불필요한 고통을 만들어 내는 것을 피할 수 있다.

병과 함께 수행하기

나는 수행하다가 병을 만난 적이 두 번 있었는데, 두 번 다 내게 큰 가르침이 되었다. 두 경우 다 스승들의 도움을 받았고, 그들이 없었다면 그렇게 많은 배움을 얻지 못했을 것이다. 내가 수행하는 여러 단계에서 이 경험들이 다가와 다양한 가르침을 주었다.

첫 번째 병은 한국을 여행할 때 찾아왔다. 그 당시 상황을 얘기하면 설명이 좀 더 잘 될 것이다. 여러 해 동안 요가와 다양한 알아차림 수행을 해 온 나는 진지하게 명상을 하고 싶다고 결심했다. 인도에 가서 공부하려고 준비를 다 갖추고 있었는데, 한 친구가 말하기를 내게 도움 될 만한 사람을 미국에서 찾았다는 것이다. 그는 숭산 스님이라는 한국의 선사였는데, 로드아일랜드주의 프로비던스에서 가르치고 있다고 했다.

숭산 선사는 지극히 카리스마가 있고, 겁이 없어 보이고, 어딘지 수수께끼 같은 데가 있는 사람이었다. 그는 한국과 일본에서 선사 노릇을 해 왔지만, 처음 미국에 왔을 때는 세탁기를 수리하는 일을 했다. 그의 주변에 금방 선을 배우려는 학생들이 모여들었고, 나는 그중에서도 가장 열심인 사람 중 하나였다. 나는 항상 내 첫 불교 스승이었던 숭산 선사에게 감사한다. 그와 집중적으로 함께한 그 오 년간 많은 걸 배웠다.

그는 영어 단어라고는 50개쯤밖에 모르는 것 같았지만 그 제한된 어휘로 적확히 표현하는 놀라운 능력을 갖고 있었다. 그는 설법할 때 적절한 어구를 쓰는 데 달인이었다. 그는 또 영웅적이고 허풍도 좀 있는 인물이었다. 전하는 이야기에 따르면 그는 여러 달 동굴에서 수행했고, 따먹을 수 있는 음식으로 연명하며 살았다고 한다. 그가 가르치는 선은 에너지 강도가 높은 영웅적 수행이었다. 우리는 '나는 누구인가?'와 같은 화두를 들고 명상했으며, 그는 우리에게 그것이 얼마나 엄청난 일인지 말하곤 했는데, 그의 말이 상당히 맞았다. "커다란 질문이야!"라고 그는 말하곤 했다.

"나는 누구인가? 커다란 질문이지!"

그의 본보기를 뒤로하고 나는 한국에서 일 년 동안 수행했다. 그 무렵 나는 인생을 완전히 수행에 바쳤다. 돈은 없었지만, 일단 한국에 가니 재가 신도들이 나를 보살펴 주었고, 케임브리지의 몇몇 친구들이 왕복 항공료를 대 주었다. 일이 더욱 복잡해지려고 그랬는지, 그 무렵 어느 여성과 앞날을 기약할 만한 관계를 막 시작했는데 한국에 일 년간 가면서 그 관계가 깨질 수도 있었다. 실제로 그렇게 되었다. 나는 정말로 이 기회를 잡고 싶었다. 나는 수행하고자 하는 열의로 충만했다.

그러나 한국에 도착하여 서울에서 숭산 스님이 주석하셨던 절에 머물면서 나는 곧장 병에 걸렸다. 음식은 쌀밥, 국, 채소, 그리고 김치였다. 아침에도 이렇게 먹었고, 음식이 내 몸에 맞지 않았다. 도착해서 처음 몇 주간은 설사를 했고, 얼마 동안 좀 나아졌다가 산 속에 있는 선원에 집중 수행을 하러 가니 또 병이 도졌다. 나는 더없이 낙담했고 어느 정도는 놀라기도 했다. 그런 위장 장애는 멕시코에서 이미 겪어 보았지만, 이번에는 거기서보다 더 오랫동안 계속되었다. 나는 돈도 없었고, 의료 시설이 어떤지도 몰랐고, 나을 수 있을지도 궁금했다. 최악의 사태는 내가 여기 와서 수행하느라 너무 많은 것을 포기했다는 것인데, 나는 수행조차도 할 수 없었다. 모든 게 낭비 같기만 했다.

다행히 그 순간 내가 말을 붙인 스님이 96세의 선사 혜암 스님이었다. 그는 키가 작고 피부가 조글조글하고 더 이상 걷지도 못했다. 실제로 그가 나를 만나려면 누가 떠메고 와야 했다. 하지만 그의 눈빛은 아직 형형했고 놀라운 유머 감각이 있었다. 그는 금방 내 상황을 이해했고 몇 마디 말로 내 생활을 바로잡아 주었다.

그는 내가 수행을 위해 지니고 있던 에너지에 말을 건넸다.

"나는 누구인가 묻고 싶지?"

그가 숭산 스님같이 굵고도 우렁우렁한 목소리로 말했다.

"그러나 당신이 물을 수 있는 것은(이 부분에서 그는 작고 여리고 아픈 듯한 음성으로 바뀌어, 내가 느끼는 것을 그대로 표현하면서 말했다.) 나는 누구인가 하는 것뿐이야. 그래. 그걸 물으라고. 아플 때는 아픈 사람처럼 수행해. 몸이 나아지면 다시 사자처럼 이 질문을 던져."

혜암 스님은 병과 더불어 수행한다는 것과 수행 일반에 관해 중요한 요점을 짚고 있었다. 도겐 선사도 요리하는 법을 가르칠 때 이와 같은 말을 했다. 없는 재료에 대해 걱정하지 말라는 것이었다. 자기가 가진 것으로 그냥 음식을 잘 만들라고. 언제, 어디서 수행하든, 그저 수행하면 되는 것이다. 그런데 그 조건에 신체적 건강이 추가된다. 일들이 지금과 달랐으면 하고 바라봐야 아무 소용이 없다. 비교하는 마음은 고통을 가져온다. 그저 온 마음을 다해 지금 가진 재료를 써라. 그리고 일들이 어떻게 될지를 걱정하지 마라. 당신이 임종의 침상에 누워 있을 때 쉬는 마지막 약한 숨이 따라야 할 완벽한 숨이 될 것이다. 약한 에너지도 강한 에너지만큼이나 따르기에 좋은 에너지이다.

또 다른 병의 체험은 몇 년 뒤에 왔고 훨씬 더 깊었다. 왜냐하면 그때는 수행한 지가 훨씬 더 오래되었기 때문이고, 또 태국의 숲속 수행 전통의 가르침대로 위빠사나 명상 수행을 하고 있었기 때문이기도 하다. 선 수행은 커다란 질문, 큰 에너지에 대해 집중하고 작은 것은 그냥 무시한다. 반면 위빠사나 명상은 미세한 감각에 상당히 면밀하게 초점을 맞추는 것으로 시작한다. 위빠사나는 느낌에 집중하되 그 수행 자체가 깊은 통찰의 원천이 될 때까지 한다.

다시 말하거니와 그 당시의 상황들도 이야기에 넣어야 한다. 나는 아잔 문의 제자이며 태국의 숲속 수행 전통을 크게 되살린 나의 유명한 스승 아잔 마하 부와와 함께 수행하기 위해 태국으로 가고 있었다. 이 수행은 내가 선 수행에서 했던 집단적 수행과는 많이 달랐다.

우리는 홀에 함께 모여 먹고 염송을 하지만 명상은 주로 숲속에 있는 '꾸띠'에서 했다. 꾸띠란 작은 대나무 오두막집인데 긴 길에 여러 채가 함께 연결되어 있다. 명상자들은 각자의 꾸띠에서 혼자 지낸다. 우리는 작은 마을 부근에 있었는데, 그곳은 방콕에서 밤새 기차를 타고 달려야 갈 수 있는 곳이었고, 가장 가까운 소도시와도 꽤 떨어져 있었다.

이 수행을 하는 '나'라는 사람이 브루클린에서 자라난 사람이라는 것을 이해하는 것이 중요하다. 그들은 이 수행을 '태국 숲속 수행'이라 부르지만 나는 이를 '태국 밀림 전통'이라 부른다. 숲속은 보통 소풍 가는 곳이며, 만나는 최악의 피조물이 개미들이며, 최악의 재난이 폭풍우인 곳이다.

그런데 거기는 울창한 열대 우림이었고, 뱀이며 온갖 짐승들이 돌아다녔는데, 그중에는 우기에 명상자들이 있는 곳에 나타나는 적잖은 쥐 떼도 있었다. 심지어 저녁에 경행을 하다가 호랑이를 만난 승려들 이야기까지 있었다. 호랑이는 확실히 없어졌지만, 쥐, 뱀, 곤충, 야생 닭들이 많이 있어 내게 친구가 되어 주었다.

나는 물론 병에 걸릴 가능성이 많다는 걸 알고 있어서 정수기와 많은 약품을 갖고 갔지만, 며칠 만에 병에 걸렸고 병을 앓은 방식을 보면, 내가 그전에 한국에서 겪은 것은 공원 산책에나 해당할 정도였다. 나는 열이 났고 지독한 설사를 했고 토했다. 설상가상으로 음식을 먹다가 속에 든 딱딱한 것을 씹어 이 하나가 부러지기까지 했다. 태국에서 비구들은 마을로 가서 탁발하고 얻은 음식을 먹는다. 나는 원래 채식을 했지만 거기서는 닭고기와 생선도 먹었다. 음식은 사실 상당히 좋았다. 그렇지만 뭔가가 안 맞아 병에 걸린 것이었다.

나는 몹시도 낙담했다. 또 한 번 멀리까지 가서 수행한다는 생각에 더없이 들떠 있었는데 이렇게 누워서 시간이나 보내고, 그러지 않으면 설사가 나서 화장실로 달려가거나 밖에 달려 나가서 토하는 게 일이었으니 말이다. 몹시 두렵기도 했다. 우리가 살았던 조건은 상당히 원시적이었고, 정말 아팠다.

마하 부와는 우선 나의 걱정을 잘 다루어 주었다. 그는 느긋하고 명랑한 표정을 하고 있었으며 전혀 걱정이 없어 보였다.

"잘 들어요."

그가 말했다.

"당신은 수중에 지닌 약이란 약은 다 먹었어요. 이젠 자연이 개입할 때요. 당신이 죽을 거란 생각은 우린 하지 않아요. 만약 일이 그 정도로 심각하다고 생각했다면, 우리가 할 수 있는 한 가장 좋은 의학적 도움을 찾아주었을 거요. 이건 많은 서양인들이 처음 태국에 오면 부딪치는 문제일 뿐인 것 같소."

이 병이 나의 수행을 방해하기는커녕, 내가 그 병을 갖고 수행해야 한다고 그는 말했다. '이질'이니 '열병'이니 심지어 '병'이라는 말까지 싹 잊으라고 했다. 내가 체험하고 있는 감각은 다른 무엇보다도 수행에 좋다는 것이었다. 내가 해야 하는 것은 그 감각에 초점을 맞추고 감각에 머무는 일이었다. 마음이 감각에 집중하지 않고 떠돌 때 어려움이 일어나는 법이다. 그 감각이 '당신의' 병이 되고 '당신이' 병들었다는 느낌이 되면, 당신은 자기가 불쌍하다는 생각으로 가득해진다. 그러나 다시 집중하게 되면, 그것들은 다시 감각들일 뿐이다. 아잔 마하 부와는 그저 병과 더불어 수행하여 그 모든 것의 무상한 본성을 보라고 말했다. 불쾌한 감각과 그에 따르는 마음 상태, 이 모든 것은 공한 것이었다. 아무것도 견고한 실체가 없었다.

나는 대부분의 시간을 앉을 수가 없다고 그에게 말했다. 그는 몸의 자세보다 얼마나 주의 집중을 잘 하느냐가 더 중요하다고 말해 주었다. 앉을 수 있을 때는 앉고, 때로는 침대에 누운 채 수행해도 된다고 했다.

아잔 마하 부와는 말했다.

"잘 들어요. 아마 당신은 낙담이 컸을 거요. 집에 갈 생각도 해 보았나요?"

나는 그렇다고 인정했다.

"그럴 수도 있었어요. 한 주 동안 여기 있다가 미국으로 돌아가, 파티에 가서 태국 숲속 수행처에서 보낸 영웅적 한 주를 얘기할 수도 있었겠지요. 그런데 그러면 뭘 성취했겠어요? 어떻게 해도 병은 병대로 제 갈 길을 가죠. 그러나 당신이 그 병으로 수행을 한다면 당신은 마음을 위해 뭔가를 해내는 겁니다."

그는 나의 생각하는 마음을 말한 게 아니라 우리가 수행할 때면 그리로 열리는, 좀 더 너른 마음의 영역을 말한 것이다.

마하 부와의 도움과 침착함, 병을 가지고 순간순간 수행하라는 마음을 가볍게 하는 격려가 아니었다면 나는 그렇게 해내지 못했을 것이다. 하지만 그가 거기 있었기에 나는 할 수 있었고, 솔직히 그건 예사롭지 않은 경험이었다고 말할 수 있다. 내 몸은 무너지고 있었고 많은 시간을 침대에 누워서 보냈지만 마음만은 종종 분명히 지극히 행복했다. 심지어 내가 밀림 속으로 달려가 거기서 토할 때도 그것이 때로는 기쁨이었던 것이다.

결국 아잔 마하 부와의 도움으로 난 해냈다. 그 체험 자체가 경이로웠고, 아잔 마하 부와는 거기에 다른 의미도 있다고 말해 주었다.

"죽을 때가 되면 어떤 일이 일어날지 우리는 모르지만, 지금 당신이 배우고 있는 기술이 그때 도움이 될 거요."

명상을 가르치면서 나는 병과 더불어 수행하는 제자들은 많이 보지 못했다. 심지어 강한 서원을 세우고 여러 해 동안 수행하고 집중 수행도 많이 한 명상자들 중에도 없다. 이런 사람들이 몸이 아파서 잠시 수행을 놓았다가 돌아오면 나는 "병과 함께 수행할 수 있었는가?"라고 물어본다. 그들은 멍한 시선으로 나를 쳐다본다. 그리고 아니라고 대답한다. 그들은 다만 누워서 뒹굴뒹굴 대며 텔레비전이나 보고 책이나 읽는다. 어찌 보면 그들은 수행과 자리에 앉아 명상하는 것을 같은 것으로 보고 있다. 그들은 너무 몸이 피곤하여 앉지 못하니 수행을 할 수 없다고 느낀 것이다.

그러나 마하 부와가 내게 보여 주었듯이 아픈 시간은 수행하기에 이상적인 시간이 될 수 있다. 그 시간은 몸의 무상함을 볼 수 있는 놀라운 기회다.

몸의 감각과 더불어 머무는 것, 순간순간의 체험, 그것은 할 수만 있다면 병을 다루는 최선의 방법이다. 그러나 나는 또 이 수행이 몸이 낫는 데도 도움이 된다고 믿는다. 마음과 몸은 밀접하게 연결되어 있다. 그래서 병이 우리를 어떻게 할 수 있는지에 관해 그것이 노화의 신호라는 등, 이제 죽을 때가 다 됐다는 뜻이라는 등 온갖 이야기가 마음에 넘치면 몸은 점점 더 긴장하게 된다. 그것은 에너지가 흐르지 못하게 막는 일종의 바이오피드백 기제라서, 실제로 몸이 저절로 나으려는 자연스런 경향을 방해한다. 그래서 병을 둘러싼 우리의 마음챙김도 몸이 낫는 데 도움이 된다.

미얀마에서 흘러나오는 명상의 놀라운 치유력에 관한 이야기들, 양곤에 있는 마하시 사야도의 위빠사나 센터에서 들을 수 있는 이야기들은 이런 가능성으로 설명될 수도 있을 것이다. 여기는 치유를 전문으로 하는 곳이 아니라 집중적인 수행과 깨어남에 치열하게 매달리는 곳이다. 그러나 엄격하게 명상의 결과로서 그런 곳들은 세월이 가면서 괄목할 만한, 심지어 암에 이르기까지 치유의 생생한 경우와 기록들을 축적해 왔다. 우리의 모든 분산된 에너지를 모아 그것을 모두 명상 수행에 쏟는다면, 그 에너지들이 무엇을 할 수 있을지는 말할 필요도 없다.

물론 그런 이유로 명상을 하는 것은 아니다. 만약 치유 효과를 기대하고 명상한다면 진짜 명상하는 게 아니기 때문에 효과가 없을 것이다. 붓다의 말씀대로 우리는 모두 나이 먹어야 하고, 심신을 쇠약하게 하는 병이라는 것과 마주해야 하고, 죽어야 한다. 그러한 죽음의 순간까지는 일어나는 모든 일이 수행의 재료이다. 내 스승 중 한 분인 인도의 위말라 타카는 그 사실을 보여 주는, 고무적인 이야기를 들려주었는데, 이는 마지막 순간까지 끈질기게 수행한 어느 승려 이야기이다.

내 인생의 어느 한 순간이 기억난다. 내가 가장 높이 받들던 한 성자 투크로지와의 기억이다. 그는 암으로 고생하고 있었다. 나는 그가 머물던 아쉬람으로 그를 만나러 갔다. 그는 완전히 까막눈이었다. 죽음이 임박했다는 것을 그는 그곳의 누구나 그렇듯 알고 있었다. 나는 어린 시절부터 그가 새벽 세 시쯤이면 일어난다는 것을 알았다. 그는 죽음을 앞두고도 어김없이 그 시간에 일어났다. 그는 평정심을 유지하며 의사와 간호사에게 이렇게 말하곤 했다.

"나를 앉혀 주고 몸을 스펀지로 닦고, 침대보며 천들을 갈고, 불을 환히 켜고, 향을 피우시오. 이제 명상에 들 때가 되었어요."

이것이 마지막 순간까지 계속되었다.

나는 그의 방을 또 한 번 방문했다. 간병인이 그를 도와서 누워 있던 자리에서 일어나 앉았다. 그는 판다리의 힌두교 비슈누 파를 독실하게 신봉하고 있었는데, 마하라슈트라에서는 그런 독실한 신봉자는 목욕을 한 다음 이마에 백단향 풀을 바르게 되어 있었다. 그래서 그는 간병인에게 백단향 풀을 갖다 달라고 했다. 그가 다시 물었다.

"거울이 어디 있지? 내가 곧 죽을 거라고 해서 이마에 이 표시를 아무렇게나 해도 된다고 생각하나? 거울을 가져오게. 살아 있는 한 나는 철저히 살아 있을 것이고, 죽을 때도 철저히 죽을 거야. 지금 이 순간 난 아주 생생히 살아 있고, 나의 기도 독송을 완벽하게 하겠네."

그러니까 그는 거울을 자기 앞에 놓아 달라고 해야만 했다.

그는 죽음이 임박했다는 걸 잘 알고 있었다. 모 일 모 시에 죽음이 닥칠지 알고 있었다. 당시 그가 직면했던 신체적 조건보다 더 절박한 조건은 있을 수 없었다. 그는 해골처럼 쪼그라들었다. 피를 토하곤 했다. 그러나 그가 "살아 있는 한 난 충만하게 살아 있다. 내 앞에 거울을 갖다 놓으라."라고 할 때 그 행동거지가 얼마나 숭고했던가. 그리고 이마에 백단향 풀을 바를 때 그의 고귀한 행동거지는 놀라운 광경이었다.

그 모습은 나를 뿌리째 흔들어 놓았다. 그는 죽음의 시간이 다가오고 있다 하여 지금 이 순간을 소홀히 하지 않았던 것이다. (위말라 타카, 『요가 인생』)

제
4
장

죽음은 피할 수 없다

한 마디로, 죽음을 마음챙김하지 않는다면 어떤 수행을 하든 그것은 그저 피상적일 뿐이다.
　　　　　　　　　　　　　　　　　　　　－ 밀라레빠

"나는 죽을 수밖에 없다. 죽음은 피할 수 없다."

미국 케임브리지의 통찰 명상 센터는 몇 년 전 타라 툴쿠 린포체를 초청했다. 그는 강연하기 전에 티베트인들이 갖고 다니는 염주를 손가락으로 돌려 세 번 어떤 소리를 내곤 했다. 난 그가 무슨 특별한 주문이라도 외는 줄 알았다. 그에게 물어보았더니, 그는 이런 단순한 문장을 되풀이하고 있었다고 말했다.

"나는 죽을 것이다. 나는 죽을 것이다. 나는 죽을 것이다."

여기 담긴 생각은, 이 말이 그가 법사라거나 일종의 전문가랍시고 가질 수 있는 어떤 우쭐한 생각도 들지 못하게 한다는 것이었다. 그의 이른바 전문성과 권위는 모두 없는 것이 되어 버리곤 한다.

나는 똑같은 것을 환기시켜 주는 다양한 메멘토들을 주위에 둔다. 하나는 죽은 라마의 두개골이다. 또 하나는 죽은 라마의 뼈로 만든 염주

세트다. 그것은 이른바 조장(鳥葬)이 끝난 다음 시신의 잔해에서 주운 것이다. 조장은 마지막 연민의 행위로서 독수리들이 시신을 쪼아 먹게 하는 장례 풍습이다. 타라 툴쿠 린포체가 그 말을 외면서 돌리던 염주도 뼈로 만든 것이었다. 사람이나 짐승 뼈로 만든 염주는 우리 모두 언젠가는 죽을 것임을 환기시키는 것으로 쓰인다.

사람들은 종종 묻는다. 왜 우리는 기억되고 싶어 할까? 우리가 죽어야만 한다는 것은 충분히 안 좋은 일인데 왜 항상 굳이 그 사실을 스스로에게 환기시킬까? 빠알리어 단어 '아눗사야'는 우리 모두가 갖고 있는 잠재성향인 오염원을 말하는데, 그중 하나가 죽음에 대한 두려움이다. 그것은 우리 의식 속 어디엔가 살아남아 우리를 무겁게 짓누르며, 좀 더 작고 좀 더 구체적으로 접할 수 있는 두려움으로 나타나면서 우리에게 영향을 미친다. 그것은 일종의 만성적 형태를 띤 걱정이다.

'아눗사야'는 끊임없이 우리가 보고 듣는 것들에 의해 커진다. 우리가 아는 누군가가 죽거나 길에서 죽은 짐승을 보았다거나 어떤 친구가 중병에 걸렸다는 소리를 듣거나 오랜만에 만난 친구가 훌쩍 나이 든 것을 보았다거나 할 때가 그렇다.

불교 수행의 길은 이런 두려움을 몰아내고 문과 창을 열어 신선한 공기를 들여보내고, 이런 문제에 대해 억누르고 부정하면서 쉬쉬하기를 멈추는 것이다. 두려움을 억누르는 삶은 고단하다. 또 두려움을 억제하려면 엄청난 에너지가 필요하다. 그리고 결국 그것은 먹히지도 않는다.

죽는 게 두려운 게 아니라 죽는다는 '생각'이 두렵다

우리가 이 주제를 파고들기 시작하면서 발견할 수 있는 한 가지는, 우리가 정말 죽는 것을 두려워하는 게 아니라, 죽는다는 '생각'을 두려워하고 있다는 것이다. 이 구분은 지나치게 미묘한 구분같이 들리지만, 중요한 구분이다. 정말 죽음이 찾아올 때 그것은 이 순간이나 다를 바 없는 순간일 것이며, 다른 체험이나 마찬가지로 우리가 깨어 있으려 애쓰는 그런 체험일 것이다. 우리 몸과 우리 호흡은 일정한 방식으로 상황을 느낄 것이며, 특별한 것들이 마음속에 나타날 것이다. 그러나 지금은 죽음을 미리 내다보며 우리가 죽는다는 것에 대한 생각을 정립해야 하며, 죽는다는 것은 아마도 우리가 실제로 겪는 체험과는 거의 상관이 없을 것이다.

삶의 다른 많은 체험들과 마찬가지로 미리 예측하는 것은 실제로 일어나는 일보다 나쁘거나 적어도 다르다. 죽음 알아차림 수행에서 우리가 하려고 노력하는 것은 생각을 넘어선 곳에 도달하는 일이다. 왜냐하면 우리의 숱한 문제를 만들어 내는 것은 생각이기 때문이다. 사실 우리는 죽음 너머에 무엇이 있는지 모른다. 죽음은 커다란 미지이고, 알려진 것의 표현인 생각은 알려지지 않은 것을 알 수가 없다. 그건 뭐 그다지 심오할 것도 없고 그냥 사실이다. 우리가 모르니까 그것을 '미지'라고 부르는 것이다.

만약 죽음을 생각할 때 두려움이 생겨난다면, 그건 얼마든지 좋다. 우리가 내밀하게 접하고 있는 것은 우리의 두려움이다. 그러나 그런 두려움이 일어날 때 우리가 갖는 폭포처럼 쏟아지는 생각들은 별로 쓸모가 없다. 죽음을 성찰할 때 우리는 지금 갖고 있을지 모르는 어떤 앎도 넘어서려고 노력하지 않는다. 우리는 그저 지금 여기에 있는 것과 함께 하려 노력할 뿐이다. 죽음은 지금 여기이다.

이는 다른 사람들도 이끌어 온 주제이다. 불교의 가장 기본 되는 가르침은 무상과 변화와 관계가 있다. 노화와 질병은 변화의 측면들이다. 그것들은 너무도 자연스럽다. 죽음 역시 너무도 자연스럽다. 시간이 가면서 몸은 상황에 따라서 때로는 단기간에, 때로는 장기간에 걸쳐 닳아간다. 마침내 몸은 다 무너진다.

그러나 비록 이것이 우리 삶의 기정사실이라 할지라도, 또 우리가 모두 언젠가는 그 사실에 직면해야 할지라도, 죽음에 대한 성찰은 어떤 특별한 순간에 누구나 하는 것은 아니다. 만약 지금이 당신 삶에서 일들이 잘 안 풀릴 때라거나 최근에 뭔가를 상실해서 그걸 견디어 왔다거나 우울한 시기를 겪는 중이라면, 죽음 알아차림 수행을 할 적기가 아닐 수도 있다. 마찬가지로, 죽음에 직면해 있는 친구들이나 사랑하는 사람들에게는 민감해야 한다. 임종의 침상은 이런 유의 수행을 소개할 장소가 아니다. 특히 그들이 불교의 가르침에 대해 많은 체험을 하지 않았을 경우라면 더욱 그렇다.

당신이 어느 정도 오래 수행을 해 왔다면, 그래서 일정한 정도의 삼매를 확립했다면 죽음 알아차림 수행은 도움이 될 것이다. 그러나 나는 여러 해에 걸쳐 수행 그룹을 지도해 오면서 많은 삼매를 계발하지 않은 사람들도 "나는 죽을 것이다"와 같이 간단한 문구는 택할 수 있고 거기에 잘 집중할 수 있다는 것도 알았다. 왜냐하면 이 주제 자체가 커다란 관심을 자아내기 때문이다. 만약 이 문구로 인해 주체할 수 없을 만큼 두려움이 자극된다면 당신은 굳이 그 문구를 택하고 싶지 않을 것이다. 그러나 당신이 반드시 그간 수행을 많이 해 온 명상자여야만 하는 것은 아니다.

준비가 되었다고 느끼는 사람에게는 죽음 알아차림 수행이 무한한 가치를 지닐 수도 있다. 펌프의 마중물을 부어 두려움을 몰아내고, 알아차림이 나타나도록 초대하여 우리가 내밀한 방식으로 두려움을 알 수 있게 하자는 것이다. 우리가 두려움에 대해 변함없이 보는 바는 그것이 무상하다는 것이다. 아무리 어려워 보여도 그 두려움들은 한정된 수명이 있다. 그것들은 일어나서 잠시 존재하다가 사라진다. 두려움의 에너지는 거기 있지만 그것은 나도 내 것도 아니다. 그것은 자아가 아니다.

일단 두려움을 보면 우리는 두려움으로부터 아주 많은 힘을 얻는다. 두려움은 이제 더 이상 우리 의식 속에 절반쯤만 인정받은 채 숨어 있는 것이 아니다. 그것들은 수명이 다 했다. 설령 다시 돌아온다 해도 우리에겐 그걸 감당할 수 있다는, 새로이 찾은 자신감이 있다. 두려움이 관찰 가능한 것이며 따라서 다룰 수 있는 것임을 우리는 보았다.

죽음 알아차림 명상은 이런 방식으로 우리가 지닌 삶에 대한 고마움을 더욱 높여 준다. 실제로 죽음 명상을 하면 삶이 얼마나 소중한지를 깨우치게 된다. 삶을 그 모든 아름다움 속에서 보게 된다. 삶이 끝날 것을 알기 때문이다. 우리는 죽음의 집에 일부러 걸어 들어갔다. 그리고 우리가 그동안 일종의 바보의 천국에서 살아왔음을 알았다. 우리는 삶이 영원히 지속될 것인 양 살아왔다. 그래서 삶의 충만함과 그 찬란함을 보지 못했다.

머릿속으로는 우리가 죽을 것임을 안다. 그러나 마음속으로 그걸 알아야 한다. 이 사실이 뼛속 깊이 스며야 한다. 그때 우리는 어떻게 살지를 알게 될 것이다.

그러려면 우리는 꾸준히 죽음이라는 사실을 볼 수 있어야 한다. 그냥 가볍게 흘긋 보아서는 안 된다. 불법 수행에서 우리의 모든 단련은 그런 깊은 바라봄을 위한 준비다. 귀의를 하고 계를 받는 것이 전통적으로 첫 단계이다. 오래 호흡 수련을 하여 차분하고 집중된 마음을 기르는 것, 감각과 소소한 두려움, 차츰 더 큰 두려움을 다루는 것, 일상생활에서 마음챙김을 계발하는 것, 이 모든 단계들이 함께 작용하여 죽음의 두려움을 응시할 만큼 단단한 마음을 만든다. 때로 이 두려움을 직접 관찰할 수 있게 되기 전에 두려움에 저항하는 마음과 어떻게 함께할지를 배워야 한다. 우리는 우선 우리가 얼마나 두려움 갖는 것을 싫어하는지 그것을 마음챙긴다.

만약 이 준비 작업을 해 놓지 않았다면, 아마도 죽음을 바라볼 준비가 되지 않은 것일 게다. 주목할 만한 정신적 성숙함을 지니고 이 지상에 오거나 그러한 성숙함을 발전시켜 온 삶의 체험을 가진 사람들도 어쩌면 없지는 않을 것이다. 그러나 우리들 대부분은 노력해야만 그렇게 된다. 우리는 메시지가 우리 안에 들어올 수 있을 만큼 충분히 오래 사물들과 함께 머물러, 꾸준히 사물을 볼 수 있는 마음을 계발할 필요가 있다. 두려움과 가까이 사귀면 이해심이 자극되고, 이해심은 해방시키는 힘을 갖는다.

전형적으로, 우리의 알아차림은 산발적이다. 우리는 저녁 뉴스를 볼 때 어떤 비극적인 사건에 대해 들으면서 순간적으로 욱하거나 진정으로 가슴이 아픔을 알아챌 수 있다. 그러나 다른 뉴스가 화면에 뜨거나 우리가 다른 활동으로 옮겨 가 버리면 그것으로 끝이다. 그것이 현대사회의 방식이다. 주의가 짧고 간단하게 격발하는 것.

우리의 수행은 다르다. 우리가 계발하는 삼매는 바깥 사물을 차단하는 경직된 집중이 아니다. 삼매를 계발하는 마음은 강하고 유연하며 매우 생생히 살아 있다. 우리가 계발하는 상태는 부드러움에 더 가깝다. 심장은 녹아들기 시작한다. 삶의 참 슬픔과 그 참 아름다움이 보인다. 삶의 아름다움 없이는 삶의 슬픔을 볼 수 없다. 수행은 우리에게 양쪽을 다 열어 준다.

수행으로 부드러워진 마음은 단순한 일에도 문득 깨어난다. 사물의 본성을 깊이 들여다보게 된다. 그러면 모든 것이 더욱 소중해지고, 모든 사람과 당신 삶을 둘러싼 모든 환경이 소중해진다. 명상 수행에 박차를 가하겠다는 생각도 마찬가지로 커진다.

내가 수행이라는 말을 할 때, 그건 뭔가 편협한 것을 말하는 것이 아니다. 하던 일도 그만두고 가족도 버리고 나가서 어디 동굴 같은 곳에 들어앉아 수행하라는 것이 아니다. 나는 수행을 넓은 뜻에서 말하고 있는 것이다. 당신이 하는 모든 일에 깨어 있는 것. 당신은 수행을 삶 전체에서 가장 중요한 부분으로 삼는다. 당신이 평소 일어나는 일로써 수행하는 법을 배우면, 예사롭지 않은 일을 당해도 그와 함께 잘 머물 수 있다. 죽음의 순간도 마찬가지다.

나는 스즈키 쇼산 선사의 가르침에서 많은 것을 배웠다. 그는 사무라이 노릇도 했던 명상자로서, 은거 수행자로 얼마간 살았던 적도 있다. 그는 전투에서 치열하게 단련되었다. 그의 가르침은 죽음 알아차림 혹은 그의 표현대로라면 '죽음 에너지'를 사용하여 수행을 자극하라는 것이었다. 살면서 문제가 생겼을 때 그는 죽음 에너지를 써서 조건을 재편성하곤 했고, 그것은 대단한 도움이 되었다.

"당신 자신이 기쁘게 죽을 수 있다면 당신은 붓다가 될 것이다. 불성이란 수월한 마음으로 죽는 것이다."

그는 고통스러울 만큼이나 정직하게 계속 말했다.

"내가 죽고 싶지 않은 사람이기 때문에 나는 자유로이 죽을 수 있도록 수행을 한다. 아무 생각도 없이, 처형자를 위해 목을 자유로이 쭉 뺀으면서 죽을 수 있도록 말이다."

그는 처형자라는 말을 죽음의 상징으로 썼다. 죽을 때가 오면 점잖게 죽음에 굴복하길 바란다는 뜻이다.

"나는 다양한 방법으로 나 자신을 단련해 왔다. 내가 쓰는 방법은 겁쟁이의 불교이다."

그런 뜻에서라면, 우리는 모두 겁쟁이다. 우리는 모두 어떤 종류든 단련이 필요한 것이다.

스승의 지도하에 가부좌를 틀고 하는 격식을 갖춘 수행에서만 죽음에 관한 심오한 배움을 얻는 것은 아니다. 예컨대 자기 부모가 돌아가셨을 때 자연스럽게 죽음을 배우는 경우도 있다. 그러나 당신이 격식을 갖춘 수행에서 하듯이 진정으로 부모의 죽음을 응시할 때만, 비로소 당신은 거기서 배우게 된다. 그 체험에 마음이 열려 있으면 죽는 사람마다 당신의 스승이다.

우리 아버지가 내게 남긴 마지막 선물은, 내가 언젠가 죽을 것임을 가르쳐 준 것이라고 난 느낀다. 그가 따를 수밖에 없었던 법칙은 나 역시 피할 수 없다. 내 인생에서 우리 아버지가 죽을 것이라고는 생각도 못한 순간들이 있었다. 여러 해 동안 나보다 크고 강해 보였던 이 사람, 내가 자라면서 나 자신을 만들어 갈 때 본보기가 되었던 사람. 그러나 그가 죽었고, 다시는 돌아오지 않는다. 재는 다시 나무가 되지 못한다. 언젠가는 나도 재가 될 것이다.

죽음에 관한 아티샤의 아홉 가지 명제

아버지에 대해 말하고 나니 죽음을 알아차리기 위한 격식을 갖춘 집중 수행으로 생각이 움직이기 시작한다. 격식 갖춘 수행이란 바른 자세를 취하고 스승의 인도하에 혹은 스승의 가르침에 따라 수행하는 것을 뜻한다. 나는 인도의 위대한 현자 아티샤(980-1055)가 정리한 아홉 부분으로 된 죽음 명상법을 사용하고 가르쳐 왔다. 여기에 타라 툴쿠 린포체와 아잔 수와트에게서 배운 개인적 지침에 따라 이 명상을 변형시켰고 이를 기본으로 하여 지금까지 죽음 명상을 지도하고 있다.

이 수행은 크게 세 가지 일반적 주제로 나뉜다. 죽음의 불가피함, 언제 죽을지 모른다는 불확실함, 오직 수행만이 죽을 때 도움이 된다는 사실. 이 셋이다. 각 범주에는 세 가지 통찰이 포함된다.

먼저 마음이 차분히 가라앉을 때까지 오직 숨에만 주의를 기울인다. 일단 어느 정도 차분한 상태에 이르면 '누구나 죽는다'와 같은 명상을 할 준비가 된 것이다.

확실히 이 명상을 하기 위해서는 집중된 마음이 필요하다. 죽음보다 더 우리가 도망치고 싶어 하는 인간적 체험은 없다. 우리가 죽음을 싫어하는 것은 자연스러운 일이며, 주의를 기울일 수 있는 능력에 한계가 있기 때문에 죽음 명상의 참뜻은 마음속까지 스며들지 못한다. 그러나 평온한 마음 상태에서는 사유가 예리하고 유연할 수 있다. 집중에 정확히 초점을 맞추면 생각은 끊어지지 않는다. 집중에는 삼매라는 강력한 지탱이 있어 우리는 감정적으로 그 안에 몰두하고 예민하게 관심을 유지할 수 있다.

만약 우리가 성찰의 방향을 마음 쪽으로 돌린다면, 그 의미가 지닌 풍부함은 저절로 드러나게 된다. 그것이 자기 이야기를 하고 명상의 진실이 우리에게 영향을 미치게끔 하면서 우리는 체험한 바에 주의 깊게 머무를 수가 있다. 이것을 단지 우리의 생각하는 마음뿐 아니라 우리의 전 존재로 체험하는 것이다. 아티샤가 말한 아홉 가지 명제는 지혜롭게 마음의 방향을 잡는 연습이다. 문자로 정리된 간단한 문장이지만 아홉 가지 명제 중 어떤 것이든 철저하고 꾸준하게만 수행하면 그 표면적 의미 너머로 갈 수 있다. 이 상태를 깊이 참구하면 우리의 몸과 마음에서 불법의 자연 법칙이 어떻게 작동하는지를 파악하는 데 도움이 될 수 있다.

집중 수행 시간에 아홉 가지 명제 중 하나에 주의 집중할 수도 있다. 그러다가 잠깐 다른 여덟 가지 명제를 되짚어 보며 환기한다. 하루에 한 가지 명제를 명상한다거나, 세 가지씩 명상을 할 수도 있다. 결과가 좋은 것 같으면 며칠씩 그것에만 머물고 싶을 수도 있다. 아홉 가지 명제는 똑같은 기본 진리에 이르며, 그것을 가지고 수행하는 데는 엄격할 필요가 없다. 타고난 지혜를 이용해 그것들을 갖고 어떻게 수행하는 것이 가장 좋은지를 스스로 결정할 수 있다.

이제 구체적으로 알아보자.

죽음의 불가피함

1. 누구나 죽는다

아홉 가지 명제 중 첫 번째이자 가장 과감한 것은 모든 사람과 모든 것이 죽는다는 것이다. 아무도 이 법을 피할 수 없다. 죽음은 태어남의 논리적 결과이고, 태어나는 순간 삶에 작용하기 시작한다. 예외는 없다. 부, 교육, 신체적 힘, 명성, 도덕적 무결함도 소용없다. 죽고 싶지 않다면 태어나지 말아야 한다.

붓다고사의 『청정도론』은 여기서 좀 도움이 된다. 이 책은 당신이 스스로를 대단히 유명한 사람이나 공적을 쌓은 사람, 초자연적 힘을 갖춘 사람, 깊은 이해력을 가진 사람과 비교해 볼 것을 권한다. 붓다도 죽었다. 예수도 소크라테스도 죽었다. 세상에서 제일 강한 남녀들과 가장 빨리 달리는 사람들, 누구보다도 뛰어난 신체적 기록을 세운 위대하고 유명한 선수들도 다 죽었다.

크리슈나무르티는 내가 이 방법으로 명상할 때 가장 자주 떠올리는 사람이다. 당신이 실제로 이 사람을 알았다면 도움이 될 것이다. 그는 믿을 수 없을 만큼 내적으로 강하고 밝고 무한한 활기를 갖고 있어서 나는 수많은 세월이 지나서도 그의 존재 속에서 이런 것들을 체험했다.

그는 90세로 죽기 몇 주 전까지 가르쳤다. 그러나 그도 죽었다. 당신 주위에도 절대로 억누를 수 없고 도저히 멈출 수 없을 것처럼 보이는 누군가가 있을 것이다. 그 사람도 죽음만은 어쩔 수 없다.

예기치 않은 순간에 죽음 명상을 하기도 한다. 몇 년 전 어느 날, 죽음 알아차림에 대한 강연을 마치고 내 아파트로 올라가 비디오를 틀었다. 나는 영화, 특히 옛날 영화를 좋아한다. 내가 그날 밤 본 영화는 클라크 게이블과 캐럴 롬바드가 나오는 1938년 작 영화였는데, 영화광인 나는 영화에 관련된 모든 사람, 작가, 감독, 제작자에 대해서까지 들은 바 있었다. 갑자기 나는 그 영화와 연관된 모든 이가 이제 죽고 없다는 사실을 깨달았다.

그들은 그 영화에서 경이롭도록 남성적이고 관능적이고 매력적인 모습으로 인생의 황금기에 활기차게 뛰고 있었던 것이다. 그들은 모두 죽고 없었다. 영화를 찍을 아이디어를 냈던 사람, 거기에 살을 붙여 대본을 썼던 사람들, 영화음악 악보를 썼던 사람, 관현악단에서 연주했던 모든 사람들, 심지어 영화관에서 팝콘을 팔던 사람들까지 죽었다. 그걸 깨달으니 머리가 띵했다. 영화는 너무 생생했지만, 그들은 모두 죽은 사람이었던 것이다.

붓다는 이렇게 표현했다.

젊건 늙었건
어리석건 현명하건,
부자건 가난하건 모두 죽는다.
도자기 빚는 사람이 흙으로 만든 그릇처럼,

크건 작건, 불에 구웠건 안 구웠건,

모두 부서진다.

그런 것처럼 삶도 죽음으로 이어진다. (초기 경전 중 『대반열반경』)

2. 우리의 여생은 점점 줄어들고 있다

우리가 죽음을 향해 움직인다는 것은 어쩔 수 없는 사실이다. 그것은
멈추지 않는다. 태어나는 순간부터 우리는 죽어 가고 있다. 시계가 째
깍거릴 때마다 죽음은 가까이 다가온다. 위대한 인도의 스승 아티샤는
물방울 똑똑 떨어지는 소리를 두 번째 명제를 수행하는 방법으로 썼다.

물방울 소리 외에도 다양한 물건들을 쓸 수 있다. 가장 간단하면서도
좋은 것 중 하나가 숨이다. 우리는 일생 동안 일정한 수의 숨만 쉰다.
물론 그 수는 꽤나 많을 것이고 몇 번인지는 모른다. 한 번 숨을 쉴 때
마다 우리는 하나를 써 버린다. 한 번 숨을 쉴 때마다 죽음에 조금씩 가
까워진다.

숨이 우리를 데려갈 수 있는 곳은 호흡 알아차림의 정말 깊은 곳의
일부다. 단순한 신체 기능을 지켜보고 있을 때 우리는 생각하기 시작하
지만, 점점 지켜볼수록 우리가 얼마나 심오한 현상을 관찰하고 있는지
를 깨닫게 된다. 결국 한 번의 들숨이 삶의 작은 편린이며, 그것은 허파
에 공기를 채우는 것, 몸에 산소를 불러들이는 것, 그리하여 우리를 살
게 하는 것이다. 날숨은 내려놓는 것, 내보내 버리는 것이다. 어떤 시점
엔가 우리는 숨을 들이쉬고 나서 다시 내쉬지는 못할 것이다. 그러면
삶이 끝날 것이다.

우리는 다음번 숨이 있으리라는 확신도 기대도 없이 숨을 한 번 내쉴 때마다 정확히 그런 방식으로 호흡을 바라볼 수 있다. 특히 우리가 좌선을 할 때 숨이 매우 깊어져 들숨과 날숨 사이에 긴 휴식이 있을 수 있다. 걱정투성이인 순간도 있을 수 있다. 때로 우리는 그저 우리가 다시 숨 쉴 거라는 것을 확실히 하기 위해서만 억지로 숨을 들이쉬기도 한다. 그러나 좌선을 하면 할수록 우리는 앞으로 다시 숨 쉬리라는 확신이 없어도 점점 더 그냥 호흡이라는 과정이 일어나게 놓아둘 수 있고 숨과 숨 사이의 순간과 함께 머물 수 있게 된다.

이러한 수행이 끔찍하게 들릴 수도 있다. 우리는 다른 많은 더 작은 공포 뒤에 숨어 있는 원초적 공포를 불러일으킬 수 있다. 혹시 숨을 쉴 수 없게 되면 어쩌나 하는 두려움 같은 것 말이다. 이런 생각이 두려움, 공포, 히스테리 등 무엇을 불러오든, 우리는 그것을 갖고 수행하는 것이다. 두려움이 호흡하는 내내 존재하게 하면서 두려움과 함께 머물고 그 또한 무상한, 즉 우리가 다룰 수 있는 현상임을 본다.

이런 두려움은 신체적 통증과 많이 비슷하다. 우리가 두려움으로부터 돌아서거나 도망친다면 두려움은 점점 커져 정말 다룰 수 없게 될 수 있다. 하지만 우리가 두려움에 머무르면 우선 두려움이 우리가 생각했던 것만큼 나쁘지는 않다는 것이 보인다. 그러면 두려움이 끝나는 게 보인다. 우리가 두려움이나 호흡과 맺는 관계 전체가 그 순간 바뀐다. 무상을 보면 움켜쥐고 매달리려는 마음의 강한 성향을 제거하는 데 도움이 된다.

명상을 할 때 우리는 두려움이 올 것을, 또 격렬한 어떤 반응을, 또 아무것도 일어나지 않기를 기대하면서 앉는다. 어쩌면 두려움이 잠깐 일어나고 지속되지 않을지도 모른다. 우리는 마음속으로 내 여생이 얼마 남지 않았다고 명상해 보지만 아무런 결실이 없을 수도 있다. 좋다. 그런 것을 제어할 수도 없으며 언제 우리의 감정이 불쑥 개입할지도 모른다. 우리는 아무것도 억지로 하고 싶지 않으며, 우리가 뭔가를 뚫고 나가기 위해 너무 애쓰고 있다고 느낀다. 우리는 그저 지금 하고 있는 이 체험과 함께 존재하고 싶을 뿐이다.

어떻든 두 번째 명제는 우리의 조금씩 줄어드는 여생과 관련된다. 마치 우리가 깜깜한 밤중에 나무에서 떨어진 것과 같다. 우리는 어느 시점엔가 땅바닥에 부딪칠 것을 안다. 언제인지를 모를 뿐이다.

걀와 칼짱 갸초 제7대 달라이 라마는 그것을 시로 이렇게 표현했다.

> 태어난 다음에는 단 일 분도 그대로 있을 수 없으니
> 우리는 죽음의 왕의 포옹을 향해 간다
> 마치 줄곧 달리는 운동선수처럼
> 우리가 생명 가진 것들 틈에 있을 줄로 생각하지만
> 우리의 삶은 죽음으로 가는 고속도로.

3. 우리가 수행할 시간을 냈든 안 냈든 상관없이 죽음은 찾아온다

이 명제는 우리가 죽음을 바라보는 주된 이유가 수행을 채찍질하는 것이라는 사실에 초점을 맞추고 있다. 위 문장에서 나는 명상 수행을 하겠다는 기본적 결의를 가정하는데, 내가 너무 지나친 것을 가정하고 있는 것일 수도 있다. 결국 나는 명상 지도자이다. 다른 유의 사람이라면

죽음이라는 냉혹한 현실에 직면하여 하던 생업도 그만두고 성, 마약, 로큰롤에 탐닉하는 삶을 택할 수도 있다. 누가 알랴?

그러나 이 명제를 놓고 수행하면 시간이 소중하며 우리에겐 시간이 별로 없다는 것을 알게 된다. 우리는 모두 잠자고, 먹고, 그저 빈둥거리는 데 셀 수도 없이 많은 시간을 쓴다. 그런 일이 중요하지 않다는 얘기가 아니다. 그러나 우리는 스스로에게 얼마 남지 않은 소중한 시간을 어떻게 쓰고 싶은지 물어야 한다.

아마 우리는 모두 우리 자신에게 이렇게 물은 적이 있을 것이다. 앞으로 일 년만 더 살 수 있다면 무엇을 할 것인가? 이는 흥미로운 질문이며, 우리는 모두 그보다는 더 살기를 바라지만, 우리에겐 결정적으로 한정된 시간밖에 없다. 그것을 어떻게 쓰고 싶은가? 무엇에 우리 삶을 바치고 싶은가? 이는 우리가 물어야 할 질문이다.

법사로서 나는 이 명제와 씨름하는 사람들을 자주 만난다. "학위만 받으면 정말 수행해야죠," "소설만 다 쓰면…," "마지막 한 가지 이 사업 거래만 마무리하면…," "애들이 다 크면…." 궁탕 린포체는 이런 마음가짐을 잘 요약해서 표현했다.

> 나는 수행하기를 원치 않으면서 20년을 보냈다. 다음 20년은 나중에 수행하면 되겠지 하면서 보냈다. 다음 20년은 다른 활동을 하고 수행하지 않은 것을 후회하면서 보냈다. 이것이 나의 공허한 인생 이야기다.

여기서 정말로 필요한 것은 태도 변화 그리고 최우선으로 치는 것을 바꾸는 것이다. 우리는 살면서 어느 정도 수행을 어렵게 하는 상황을 만난다. 사람들이 이런 변명을 나에게 할 때, 그들은 거의 매일 좌선 수행을 할 시간, 하루 종일 앉아서 수행하고 더욱 긴 격식 차린 수행을 할 시간을 내는 것에 대해 이야기한다.

이런 것들은 지극히 가치 있고 중요하다. 그러나 진짜 질문은 이것이다. 지금 당장 우리는 수행을, 그리고 수행하겠다는 결심을 감행할 수 있는가? 우리 삶 전체가 놀라운 수행의 장이다. 우리는 그것을 쓸 수 있는가? 격식을 갖춰 앉는 수행은 더없이 가치가 있지만 아이를 기르면서, 학교에 다니면서, 직장에 다니면서, 소설을 쓰면서, 심지어 운전을 하면서나 목욕을 하면서도 수행할 수가 있는가? 우리 모두는 우리가 하는 모든 일로 수행할 수 있다. 단지 우리가 그것을 감행할 마음이 있는지 여부가 문제일 뿐이다.

사람들이 이런 식으로 수행에 접근하고 수행을 일상생활 속으로 가져올 때 종종 일어나는 일은 그들이 거기서 혜택을 보게 되며, 그리고 그들의 수행은 불붙듯이 타올라 갑자기 좌선을 위해 시간을 내는 게 달라진다는 것이다. 좌선이 수행의 진정한 기본임을 그들이 이해하게 되면 갑자기 어디서 그런 시간이 나는지 놀라게 된다. 십중팔구는 저절로 그런 일이 일어난다.

그러니 사람들이 우선 마주쳐야 할 것은 시간을 배정하는 갈등이 아니다. 수행에 몰두하고자 하는지 여부이다. 그러면 시간은 저절로 난다. 중요한 것은 '우리가 살아가는 나날들을 무엇에 바칠 것인가?'라는 질문을 직접 대면하는 것이다.

언제 죽을지 모른다는 불확실함

4. 인간의 수명은 불확실하다

공동묘지, 특히 오래된 묘지는 네 번째 명제에 대해 명상할 수 있는 최적의 장소이다. 그저 슬슬 거닐며 묘비들을 보고, 사람들이 몇 살에 죽었는지 보라. 오래된 공동묘지에 있으면 때때로 안전에 대해 잘못된 생각이 들 수도 있다. 항생제와 다양한 백신이 발견된 이래 최신 의학의 발전으로 우리는 상황이 달라졌다고 생각한다. 분명 달라진 것은 사실이다. 평균 수명은 더 길어졌다. 하지만 여전히 사람들은 연령을 불문하고 죽는다. 신문을 읽어 보라. 텔레비전을 보라. 이웃과 얘기를 나누어 보라. 온갖 이야기를 다 듣게 될 것이다.

이 명제는 정말로 무상의 법칙을 반영한다. 이 법칙의 필연적 결과는, 변화가 예기치 못한 방식으로 일어난다는 것이다. 만약 모든 현상이 예측할 수 있게 변화한다면 변화는 한 가지일 것이다. 어렵기는 하겠지만 적어도 변화의 유형은 있을 것이다. 그러나 진실은 인생이 우리가 의지하던 밑받침을 순식간에 앗아 간다는 것이다. 마룻바닥은 꺼질 수 있다. 그리고 그런 일이 언제 일어날지는 누구도 모른다.

불확실한 것은 죽음만이 아니라 삶도 마찬가지다. 우리는 모두 영원한 것을 원한다. 영원한 동반자, 영원한 직업, 영원한 가족, 집, 수입, 친구, 명상 수행 장소, 영원히 좋은 날씨. 이 모든 영역에서 영속성을 확보하려고 할 수 있는 모든 것을 한다. 우리 스스로를 안심시키려고 애쓰느라 시간을 몽땅 쓰지만 결코 그렇게 되지 않는다. 아무것도 영속하지 않는다. 시간의 흐름을 무효로 돌리려고 애쓰는 대신 무상의 법칙을 성찰하고 자기 것으로 소화함이 훨씬 더 현명하게 시간을 쓰는 일일 터이다. 진정 시간과 더불어 사는 법을 배울 수 있다면 우리 삶은 훨씬 달라질 것이다.

이는 마치 당신의 지혜는 모두 어디서 나오느냐는 질문을 받은 유명한 현자의 이야기와도 같다. 그는 대답했다.

"나는 아침에 일어나면, 그 날이 끝날 때 자기가 살아 있을지 모르는 사람처럼 산다."

질문한 사람들은 이게 무슨 소린가 했다.

"누구나 다 그렇지 않습니까?"

그들이 되묻자 그는 이렇게 답했다.

"누구나 그렇다. 그러나 그렇게 사는 사람들은 거의 없다."

무상의 법칙은 좋은 소식도 나쁜 소식도 아니다. 그냥 '소식'조차도 아니다. 그건 사실이다. 우주에서 가장 명백한 사실이다. 하지만 우리는 마치 그것이 사실이 아닌 것처럼 혹은 예외가 허용된 것처럼 산다. 무상은 중력의 법칙과 같아서, 우리가 좋아하든 싫어하든 우리에게 작용한다.

다시금, 제7대 달라이 라마는 이 주제에 관해, 전장에 나가는 남자들에 관해 시 한 편을 썼다.

오늘 아침 기대에 차서 기상이 드높았다네
남자들이 남은 적과 국가 보위를 의논할 때는.
이제, 밤이 오니 새들과 개들이 그들의 몸에 부리를 대어 비비고 있다.

자신이 오늘 죽으리라고 생각한 이 누가 있으랴?

이 책의 바탕이 된 내용의 강연을 하고 있을 때 내가 알던 미국의 어느 선사가 대담 중에 심장마비로 갑자기 죽었다. 그의 나이 50대 초반이었다. 나와 함께 글을 쓰던 사람은 이사를 가지 않고 그때 살던 집을 크게 개조하기로 결심했다. 이웃들을 사랑한다는 것이 큰 이유였다. 집을 수리하는 동안에 그 거리의 시장이라고 다들 부르던, 모두가 좋아하던 이웃이 뇌종양 진단을 받았고 몇 달 만에 죽었다.

이런 이야기는 누구에게나 있을 것이다. 오늘의 부고만 찾아보라. 고인의 대부분은 노인이다. 병을 앓았던 사람도 많다. 그러나 그들이 죽을 때, 정말 죽을 것이라고 예상했던 사람이 얼마나 될까? 우리는 이런 일들이 남들에게 일어났다는 말을 듣고 우리에겐 결코 그런 일이 안 생길 거라고 생각한다. 그러나 그런 일은 이런저런 방식으로 일어나고야 만다. 마침내 죽음이 찾아왔을 때 예상 밖이라는 것이 사실인 경우가 많다.

5. 죽음의 원인은 많다

우리가 모든 것에 대한 치료법을 찾을 수 있고 어떤 문제건 풀 수 있다고 생각하는 것은 특히 우리 시대의 문제인 것 같다. 우리는 소아마비를 박멸했다. 천연두도 근절했다. 더 이상 폐결핵으로 요양소에 수천 명이 있는 것도 아니다. 이제 우리는 다른 것도 모두 치료하고 싶어한다. 우리는 에이즈와 다른 여러 가지 암의 치료법을 찾느라 시간과 노력을 엄청나게 들이는데, 물론 이런 것들은 가치 있는 계획들이다. 그러나 모든 것이 치료하면 없어질 거라고 생각하는 그 마음가짐 속으로 들어가면 우리는 죽음조차도 근절하려 한다.

사실인즉 우리가 하나를 근절하면 다른 것이 나타난다. 요즘은 더 이상 결핵으로 죽지는 않지만, 이제는 에이즈가 있다. 우리는 어떤 형태의 암과는 훨씬 더 잘 싸우지만 온갖 치료법에도 불구하고 다른 형태의 암은 성공적으로 퇴치하지 못한다. 차도가 있지만, 그러다가 암이 재발한다. 세상의 많은 곳에서 수많은 질병이 전혀 근절되지 못하고 있다는 것도 기억해야 한다. 80~100년 전에는 죽을 병이었지만 이제는 아닌 그런 병 때문에 아직도 사람들이 죽기도 한다. 예를 들면 학질은 여전히 죽을 병 가운데 첫손에 꼽힌다.

단지 병에만 국한된 이야기는 아니다. 전쟁, 기근, 살인, 자살, 교통사고, 그 밖의 사고, 허리케인, 산사태, 홍수, 지진, 태풍, 익사 등은 넣지 않았다. 죽음의 이유는 계속해서 댈 수 있다. 설령 우리가 현재 직면하고 있는 질병들을 모두 박멸할 방법을 찾는다 해도 다른 병들이 생겨날 것이다. 지구는 일정한 수의 사람만이 살 수 있고 지구가 자기 자신을 보호할 것이기 때문이다. 언젠가는 지구 자체도 멸망할 것이다. 지구도 다른 것처럼 무상한 현상의 하나라서, 시작이 있고 중간이 있고 끝이 있다.

그때 살아 있다는 것은 일정 수의 원인과 조건들에 종속되어 있다는 것이다. 그 원인과 조건 중 어떤 것은 뜻하지 않게 우리에게 닥쳐오고 예상치 못한 결과를 낳는다. 이런 일들에서 보호받고 있다고 느낀다는 것은 바보의 천국에 살고 있다는 얘기다. 우리는 일시적으로 그런 일들을 면해 온 것이다.

나가르주나가 말했듯이 "우리는 죽음으로 우리를 위협하는 수천 가지 조건 속에서 생명을 유지하고 있다. 우리의 생명력은 바람 앞의 촛불처럼 지속된다. 사방팔방에서 불어오는 죽음의 바람에 우리 삶의 촛불은 쉽게 꺼진다."(나가르주나 『보만론』)

이쯤 되면 모든 게 무의미하다고, 이런 진리는 사악하고 음울한 상상의 혼합물이라고, 더 이상 이런 것에 귀 기울이다가는 너무 우울해서 못 살 것 같다는 느낌이 들기 시작한다. 그러니까 여기서 경고의 말과 함께 잠시 쉬는 것이 좋겠다. 물론 사물을 이렇게 보는 것은 음침하고 우울하다. 한꺼번에 모두 펼쳐 보이면 압도적이고, 두말할 것도 없이 경이로운 것들도 많이 있다. 삶이 무상하고 불확실하다는 사실은 그래서 그것이 가치 없다는 뜻은 아니다. 올바르게 보면 이 사실들은 삶을 더욱 소중하게 만든다. 그것들은 매순간이 선물임을 우리에게 보여 준다.

이 명제의 요점은 불균형을 바로잡는 것이다. 우리 모두는 너무도 자주 삶의 이런 사실들이 존재하지 않는 것처럼 살고 있다. 죽음에 대한 이 명제들은 우리를 깨우기 위해 의도된 것이다. 그것들은 궁극적으로 우리를 깨워 갈애와 집착 없는 삶의 기쁨과 아름다움에 이르게 한다. 영원히 젊고 건강하다는 환상을 통해 보는 삶을 떨쳐 버리게 한다.

6. 인간의 몸은 아주 연약하다

나에겐 22세에 돌아가신 삼촌이 있다. 그는 녹슨 칼로 채소를 썰다가 잘못해서 손을 베었다. 며칠 만에 그는 명을 달리했다. 워렌 하딩 대통령의 아들은 물집을 그냥 놔두었다가 패혈증에 걸렸다. 노스캐롤라이나주에서 놀랄 만큼 신체 조건이 좋았던 덩치가 엄청나게 큰, 그 팀의 스타에다 연장자이자 팀 주장인 축구 선수가 올 여름에, 코치들이 많이 주의를 주었는데도 경기 중에 지나치게 흥분했다. 체온이 42도 가까이까지 올라갔고 응급 의료진이 고열을 내릴 수가 없었다. 그는 병원에 도착한 직후에 죽었다.

한편으로 인체는 엄청나게 회복 탄력성이 좋다. 전쟁이나 자연재해 중에 어마어마한 고난을 견디어 낸 사람들이나 나이 들고 아파도 영원히 버텨 낼 것 같은 사람들 이야기를 우리는 모두 들어보았다. 다른 한편으로, 몸은 무섭도록 취약하다. 세균 하나에도 죽을 수 있다. 연약한 장기를 한 번만 세게 쳐도 죽을 수 있다. 중요한 동맥이 잘려도 죽을 수 있다. 죽음은 아주 빨리 닥쳐올 수 있다.

이 범주에 앞의 세 가지 명제를 집어넣어도 마찬가지다. 두려움이 밀려올지도 모르지만, 이는 사람을 놀라게 하려는 것이 아니다. 단지 우리를 좀 더 조심스럽게 하려는 것만도 아니다. 물론 조심하면 하루하루를 당연한 것으로 여기는 마음이 덜해지는 데 도움은 되겠지만 말이다. 요점은 우리 모두가 일정한 유형에 따라 삶을 보는 경향이 있다는 것이다. 우리는 젊음, 더 긴 기간의 성인기, 그리고 마지막에는 평온하게 사라지는 차분한 노년기를 상상한다.

그건 생각일 뿐이다. 그것은 이미지이다. 죽음은 오랜 길의 끝에서 우리를 기다리고 있는 것이 아니라 매순간 우리와 함께 있다. 우리 삶은 무상하고 부서지기 쉬우며 우리의 운명은 불확실하다. 죽음에 대해 성찰하는 의도는 그 사실을 생생하게 만드는 것, 그 사실을 우리 앞에 끌어내는 것, 사물을 있는 그대로 보게 하는 것이다. 어느 성찰이건 실생활에 사용하는 성찰이 당신에게 가장 좋은 것이다.

오직 수행만이 죽을 때 도움이 된다

7. 우리의 부는 우리를 도울 수 없다

아티샤의 아홉 가지 명제 중에서 마지막 세 가지 명제는 수행자들에게 아주 유익하다. 어쩌면 붓다가 말한 네 번째 성찰인 "나는 내게 사랑스럽고 끌리는 모든 것들과 결별하여 다르게 성장할 것이다."를 미세하게 검토하는 것이다. 이는 어렵기는 하지만 아주 효과적인 수련이다.

임종의 침상에서 무엇을 마음속에 그려 볼 것인가? 명상이 자리 잡으면 삼매를 확립하고 그 다음엔 시각화(視覺化)를 하라. 방에서 명징한 마음으로 죽음의 순간을 기다리고 있다고 상상하라. 무엇을 생각하고 느낄지를 상상해 보라.

부란 첫 번째 명제를 압축해서 보여 주는 일종의 속기와 같다. 자기가 부자라고 생각하는 사람은 거의 없다. 사실은 옛날 대부분의 사람들과 세상 다른 나라 사람들과 비교할 때 우리 미국인들은 거의 상상도 할 수 없는 사치를 누리고 있다. 우리는 모두 물건을 갖고 있으며, 누구나 아끼는 물건이 한둘은 있을 것이고 그런 것들을 축적하기 위해 일생 동안 일하느라 시간을 보냈을 것이다. 장서, 레코드와 시디 같은 소장품들, 아끼는 악기, 자동차, 옷가지, 집. 우리가 이것들을 사들이기 위해 한 일 모두를 생각해 보라. 특히 오랫동안 우리가 갈망했던 것들을 사느라 한 일을.

이러한 것들을 소유하는 것이 잘못이라는 말을 하려는 게 아니다. 그러나 죽음의 순간 그중 어떤 것도 당신에게 도움이 되지 못한다. 당신이 좋아하는 책, 악기, 정장 양복이나 드레스를 집어 들어 보라. 당신의 불상을 쳐들어 보라. 그 모든 것들을 포기해야 하며 다시는 그중 어느 것도 보지도 만지지도 못하게 된다. 이 물건들은 죽음을 막아 주거나 죽음이라는 체험을 좀 더 우리 마음대로 좌우하게 만들 수 없다.

만약 그것이 생사의 실상이라면, 그리고 수행이 당신에게 조금이나마 도움이 될 수 있다면, 분명 도움이 될 거라고 느껴지는데, 수행에 시간을 더 할애하고 당신의 손안에서 먼지가 되어 버릴 물건들을 축적하는 데에 덜 할애함이 좋지 않겠는가?

타라 툴쿠 린포체는 내게 지적하기를, 상황 판단이 빠르다고 자부하는, 수완 좋은 사업가라는 미국인들이 사실은 사업을 못하는 사람들이라는 것이다. 그들은 전혀 하한선을 지켜보고 있지 않다. 그들은 덧없고 궁극적으로 이뤄지지도 않을 무언가에 있는 힘을 다 쏟고 있다. 심지어 당신의 훌륭한 명예나 흠 없는 평판, 쌓아 올린 학식 전부, 받은 상들, 평생이 보장된 정교수직, 이런 것들은 당신이 이제 떠나려는 곳까지 같이 가지 않을 것이다. 그것들을 얻으려고 왜 그렇게 많은 시간을 썼던가?

크리슈나무르티는 이 메시지를 상당히 명확하게 전했다. 즉 죽음이 당신에게 그렇게 힘든 이유는 당신의 삶이 집착과 축적 주위를 뱅뱅

맴돌았기 때문이라고 했다. 그는 말한다.

"어떻게 죽을지 알고 싶은가? 당신이 가장 소중히 아끼는 물건을 생각하고 그것을 놓아버려라. 그것이 죽음이다."

> 결실도 없는 일을 피하고
> 정신적 기쁨으로 가는 길을 찾으라.
> 이생의 것들은 빨리 시드나니,
> 영원히 이득 될 것을 가꾸라.
> ―둘 축 링(티베트 승려)

8. 우리가 사랑하는 사람들도 도움이 되지 않는다

이 명제는 가장 어려운 성찰이다. 우리의 장서들, 우리가 모은 음악, 좋은 평판과 직위, 공동체 내에서의 위치, 이 모든 것이 그 안에 어느 정도의 자아를 담고 있는 것을 볼 수 있다. 그것들에 대한 우리의 헌신은 조금 방향이 어긋나 있다. 하지만 우리는 우리의 인간 관계가 그런 식으로 물들지는 않았다고 생각한다. 부모와의 관계, 자녀와의 관계, 형제들과의 관계, 가까운 친구들과의 관계, 정신적 스승들과의 관계. 이렇게 어느 정도 순수성을 갖는 관계를 맺고 있다고 우리는 생각한다.

그럴 수도 있다. 그렇지만 우리가 죽어도 친구들이 어떻게 해 줄 수 없을 때 이는 진실이 아니다. 그들은 그 자리에 있을 것이다. 없을 수도 있다. 어떻게 될지 모른다. 그들이 우리에게 위안이 되어 줄 수도 있다. 그러나 결국은 그들에게 잘 있으라고 인사하고 다시는 볼 수 없게 된다. 우리는 혼자서 죽어야만 한다. 샨티데와가 말했듯이.

> 내가 침상에 누워 있을 때, 비록 모든 친구들과 친척들이 둘러싸고
> 있다 해도, 내 삶이 단절된다는 느낌은 혼자만이 겪는 것이다. 죽음
> 의 왕이 보낸 메신저들에게 꽉 잡혀 있는데 친구들이 무슨 이득이
> 되겠는가? 친척들은 또 무슨 도움이 되겠는가? 그때 내게 안전한
> 방향을 알려 줄 수 있는 유일한 것은 평정심일 것이다. 하지만 나는
> 온 마음으로 평정심을 기르는 데 정말 전력을 기울인 적이 있는가?
> (샨티데와, 『입보리행론』)

죽음의 진실을 이보다 더 생생하게 보여 주는 시각화를 난 알지 못한
다. 당신이 죽음의 침상에 누워 있다고 머릿속에 그려 보라. 세상에서
제일 사랑하는 사람이 곁으로 온다고 상상해 보라. 그리고 그 사람에게
영원한 작별 인사를 한다고 상상해 보라.

그것이 죽음의 진실이다. 대부분의 사람들에게는 그것이 가장 힘든
부분이다.

죽음의 순간 우리가 사랑하는 사람들을 향하는 것은 당연하다. 그러
나 그 사람들과 끈끈히 연결되어 있지만 우리는 결국 혼자 죽어야 한
다. 강하게 밀착돼 있다 해도 오히려 일만 더 힘들어질 뿐이다. 우리의
떠남은 고통스러운 흔적을 남길 것이다. 집착과 평화는 함께 가지 못한
다. 우리는 세상에 홀로 왔으며, 홀로 떠나야 한다.

9. 우리 자신의 몸도 도움이 안 된다

우리는 정말로 고향에 가까워지고 있다. 가장 가깝고 소중한 사람에게 방금 작별 인사도 했다. 이제는 우리 자신의 몸에게 작별 인사를 해야 한다.

삶을 통틀어 우리 몸은 가장 가까운 벗이었다. 때로 몸이 우리인 것처럼 보인 적도 있었다. 우리는 씻고 닦고 수염을 깎고 기름을 바르고 머리를 빗고, 갖은 방법으로 몸을 보살피느라 많은 시간을 보냈다. 때로는 몸을 사랑하고 때로는 미워도 하는 등, 몸을 대하는 다른 태도를 가졌을지도 모른다. 그러나 우리와 모든 일을 함께 겪은 이 가장 가까운 벗은 이제 여기 없을 것이다. 더 이상 산소를 흡입하지도 않을 것이다. 혈액을 순환시키지도 않을 것이다. 수많은 세월 동안 생기로 가득 찼던 이 몸은 생명이 없어질 것이다. 시체가 될 것이다.

제1대 판첸 라마는 이렇게 잘 표현했다.

"그렇게 오래도록 우리가 아껴 온 이 몸은 우리가 그것을 가장 필요로 할 때 우리를 배신한다."

이것이 몸이 겪을 마지막 변화가 아니다. 신체 현상으로 죽은 몸은 화장하지 않으면 썩는데, 불교 수행에서는 죽음이라는 현실을 제자리로 가져오기 위해 시체의 변화와 해체를 잘 지켜보는 것이 보통이다.

실제로 승려들은 가끔 공동묘지에 가서 여러 형태로 해체되어 가는 시체들을 관찰하고 우리의 최종 운명을 보는 일련의 시체 명상을 한다. 『대념처경』, 즉 명상에서 무엇을 마음챙김할 것인가에 대한 붓다의 주된 가르침은 해체되는 여러 과정에서 시체들을 보며 명상하는 법에 관해 어떤 안내선을 제시한다. 이 단계들을 시각화하는 것은 신체의 죽음을 이해하는 데 도움이 된다.

앞에 말한 관찰을 하려면, 처음에는 호흡 알아차림으로 마음을 차분히 한다. 그 다음에는 말과 시각화를 통해 각 상태를 그려 보고 그것을 명상한다. 몸의 이미지와 우리의 진짜 몸 사이를 연관시키는 것이 중요하다. 한 가지 전통적인 공식은 이것이다.

"정말로, 내 몸은 시각화된 몸과 그 본성이 같다. 몸은 이 본성을 넘어서지 않는다. 같은 법칙에 종속된다."

우리 몸은 우리에게 속하지 않고 자연에 속한다. 그런데 자연의 그 무엇도 불변의 형태를 지닌 것은 없다.

이런 식으로 숙고하면 몸의 본성을 받아들이는 데 도움이 된다. 우리는 지혜를 가지고 몸을 보며, 몸이 어떤 다른 방식으로 있을 수 없음을 본다. 두려움이나 저항감이 밀려들어도 판단하지 않고 알아차리며, 다만 그것이 일어나고 사라지는 것을 본다.

아잔 수와트는 이 수행의 한 갈래를 내게 가르쳐 주었고, 난 그것이 지극히 도움 된다고 보았다. 그의 접근 방식은, 쉽게 그려 볼 수 있는 몸속의 장기 하나를 시각화하는 것부터 시작하여, 그 다음에는 죽은 후 몸이 해체 단계를 거치면서 그 장기가 어떻게 되는지 보는 것이다. 구상관(九想觀) 중 마지막 아홉 번째 단계에 이르면 (각 단계에 대해서는 아래에 열거함) 즉, 모든 것이 재와 먼지뿐이면 몸이 시작점으로 다시 형성되는 것을 시각화한다. 마침내, 이것이 중요함을 나는 보았다. 이 모든 것을 알아차리는 마음에 초점을 맞추라. 해체된 몸이 나와 완전히 분리된 것임을 보라. 이렇게 이해하면 구상관으로 걷잡을 수 없이 마음이 우울에 빠지지 않는 데 도움이 된다.

나의 부모님 두 분은 당신들이 죽으면 화장하라고 내게 미리 당부했다. 아버지가 먼저 돌아가셨고, 나는 아버지 영정 사진과 재가 담긴 납골함을 매일 명상하는 집안의 제단 위에 놓아두었다. 날마다 하는 위빠사나 명상에 덧붙여 대부분의 좌선 시간에 좀 더 시간을 내어 아버지 사진을 보면서, 아버지 몸에서 남은 것 전부가 저 납골함에 들어 있다는 것과 나도 똑같은 과정을 면할 수 없다는 것을 스스로 환기시키곤 했다. 이런 생각을 하면 때로는 내 몸이 얼마나 불안정한지에 대한 강한 의식이 솟구치곤 했다.

이 글을 쓰는 지금도 우리 어머니의 재는 같은 제단에 놓인 납골함 속에 담겨 있다. 나는 같은 수행을 어머니와 함께 해 나가는 셈이며, 그건 아버지 때나 마찬가지로 마음을 풍요롭게 하는 것임을 입증하고 있다. 이러한 가르침이 남달리 너그러웠던 우리 부모님이 내게 줄 수 있었던 마지막 선물이다.

『대념처경』에 나오는 구상관 (우 실라난다, 『마음챙김의 네 가지 바탕』)

1. 나는 내 몸이 죽은 지 며칠 안 되어 팅팅 붓고, 푸르뎅뎅하고, 부패해 가는 것을 본다.

2. 나는 내 죽은 몸에 벌레와 파리들이 우글우글 들끓는 것을 본다.

3. 나는 내 몸에서 남은 것이라고는 살점이 조금 붙은 해골과 아직 거기 달라붙어 있는 핏자국뿐인 것을 본다.

4. 나는 더 나아가 살점 하나 없는, 그러나 아직도 군데군데 핏자국

이 있고 힘줄로 지탱되는 나의 뼈만 남은 시신을 지켜본다.

5. 나의 시체에서 남은 것은 핏자국 없이 힘줄로 지탱되는 해골뿐이다.

6. 이제 나는, 남은 것이 흩어진 뼈들 몇 개뿐임을 본다. 발뼈는 여기, 손뼈는 저기 흩어져 있다. 넓적다리뼈, 골반뼈, 척추뼈, 턱뼈, 이빨과 두개골은 모두 다른 쪽에 흩어져 있다. 그것들은 모두 이제 드러난 뼈들일 뿐이다.

7. 남은 것은 한 무더기의 색이 바랜 뼈들뿐이다.

8. 일 년이 지나, 나는 내 죽은 몸이 한 무더기의 오래된 뼈들로 줄어든 것을 본다.

9. 이 뼈들도 부패하여 먼지가 된다. 바람에 흩어지고 멀리 날려 가서 더 이상 뼈라 불리지도 못한다.

깊은 진실이 종종 그렇듯이, 사람들은 죽음 알아차림 명상을 보고는 '네, 그 모든 것을 다 알아요'라고 말하는 경향이 있다. '내가 그 사실을 받아들이지 못할 거라는 것도 알아요. 내 몸이 먼지가 될 거라는 것도 알아요.'

무상의 법칙 자체도 그렇지만 나는 우리가 그걸 알면서도 또 모른다고 말하곤 한다. 우리는 머리로는 안다. 그러나 가슴속으로 받아들이지는 못한다. 진실이 뼛속까지 스미게 하지는 못한다. 만약 그랬다면, 우리가 지금과는 다르게 살 거라는 생각을 안 할 수가 없다. 우리 삶이 통째로 달라질 것이다. 지구도 달라질 것이다.

정말로 죽음의 두려움과 마주한다면, 그리고 이 죽음 명상은 자꾸자

꾸 그 두려움을 키울 것인데, 우리의 삶은 궁극적으로 더욱 가볍고 즐거워질 것이다. 나는 죽음 알아차림을 해서 두려움에 짓눌리자고 제안하는 것이 아니다. 죽음 알아차림은 우리가 좀 더 충만하게 살 수 있는 능력을 북돋아 준다.

죽음이라는 현실을 이해한다면 우리는 서로를 다르게 대할 것이다. 한번은 누군가 카를로스 카스타네다에게 어떻게 하면 우리 삶이 좀 더 정신적이 되게 할 수 있느냐고 물었다. 그는 이렇게 답했다.

"오늘 당신이 마주치는 모든 사람, 눈에 보이는 모든 사람이 언젠가는 죽어야 한다는 것만 기억하시오."

그의 말이 맞다. 그걸 알면 사람들에 대한 우리의 관계가 온통 달라진다.

죽음 알아차림 명상을 하는 동안, 내가 케임브리지에서 지도했던 수행 집단에게 점심 먹고 건물 밖으로 나가 시내를 걸어 다니면서 눈에 띄는 모든 이들이 언젠가는 죽을 것임을 깨닫도록 했다. 죽는다는 점에서는 모두가 그들의 형제들인 것이다. 특히 일정 기간 죽음 알아차림 명상을 한 뒤에는, 그렇게 하는 것이 놀라울 만큼 좋았다. 마주치는 사람들에 대해 완전히 새로운 태도를 가질 수 있었다.

결국, 삶은 훌륭한 선생이고 죽음도 훌륭한 선생이다. 죽음은 어디에나 널려 있다. 대부분의 경우, 특히 우리 문화의 지시에 따라 우리는 죽음을 회피한다. 그러나 삶의 이 사실에 가슴을 연다면, 큰 도움이 될 것이다. 그것은 어떻게 살지를 우리에게 가르쳐 줄 것이다.

죽음은 마지막 순간이 아니라 첫 순간이다

죽음에 대한 이 장(章)에는 일정한 아이러니가 있다. 이 책에서 가장 중요한 주제는 죽음이다. 다른 사람들도 그 주제를 향해 논의를 이끌어 왔으며, 죽음은 여러 모로 우리 수행의 정점이다. 그러나 우리는 죽음을 경험해 보지 않았다. 우리는 죽음에 대해 알기는 하지만 아직 죽어 보지 않은 것이다.

우리는 항상 늙어 가고 있으니 이러한 가르침들을 당장이라도 다룰 수는 있다. 우리는 모두 아파 본 경험, 적어도 소소한 질병을 앓아 본 경험은 있고, 곧 분명히 질병을 얘기할 기회가 있을 것이다. 그러나 죽음의 경우에는 우리가 오직 숙고와 시각화에 대해서만 얘기할 뿐이다. 그래야만 비로소 우리가 어떻게 죽는지 볼 수 있을 것이기 때문이다.

불교의 전통에는 좌선을 하면서 죽음을 맞는 사람들도 있다. 나 역시 그렇게 죽고 싶다. 그러나 하고 싶다고 그리 되는 것은 아니다. 우리가 죽을 때 상황이 어떨지 모른다. 중병을 앓다가 나중에는 끔찍하게 쇠약해지고 손을 올릴 힘조차 없고, 앉을 힘은 더욱 더 없게 될지도 모른다. 한창 나이에 트럭에 치일 수도 있고, 심장마비가 올 수도 있다. 우리가 겪게 될 죽음이라는 상황에서 힘이 되어 주려는 친구와 친척들에 에워싸여 있을 수도 있다. 외톨이로 아주 커다란 고통 속에서 죽을 수도 있다. 그러나 상황이 어떻든 우리는 그 상황과 함께 수행할 수 있다. 그 무엇을 갖고도 수행할 수 있다. 단지 그렇게 할 것을 기억하는가 하는 것이 문제다.

삶의 마지막 순간 같은 특별한 순간에 우리 수행의 힘은 그때까지 어떻게 수행해 왔는지에 따라 크게 좌우된다. 마음챙김이 강하다면, 벌어지는 일이 무엇이든 간에 거기에 마음챙김을 가져오는 것이 좀 더 자연스러워졌다면, 죽음의 순간이 어려울지는 몰라도 우리는 그 순간과 함께 수행할 수 있을 것이다.

때로 명상자들은 몇 시간 동안이나 움직이지 않고 앉아 있거나, 밤새도록 앉아 있거나, 큰 고통을 참으며 앉아 있는 등의 극단적으로 보이는 수행에 몰입한다. 이런 수행은 우리가 중병이나 죽음의 순간을 준비하는 데는 도움이 된다. 당신이 어려운 신체 조건하에서 수행하는 습관이 되어 있다면 어떤 일이 일어나건 그 일에 좀 더 대비가 되어 있을 것이다.

죽음의 순간이라는 말이 아무리 예사롭지 않게 들려도 그건 또 하나의 순간에 불과하다. 항상 같은 원칙이 작용한다. 당신의 몸과 마음에서 일어나는 일과 함께하라. 있는 그대로의 모습으로 있으라. 그것은 당신이 신선하게 접근할 수 있는 순간이어야 한다. 예전에는 한 번도 겪어 보지 못한, 그런 순간일 것이다.

그런 순간을 경험하고 그것과 함께 수행하는 관건은 스즈키 로시가 '초심'이라 부른 것, 숭산 선사가 '오직 모를 뿐'이라 부른 것, 자기가 모른다는 것을 아는 마음, 기꺼이 모르는 그곳에서 살고자 하는 마음이다. 이런 마음을 가로막는 것이 사람들이 죽음에 대해 또 사후에 대해 가진 기대이다. 이 순간, 그리고 모든 순간에, 되도록 기대를 적게 갖고 접근하는 것이 가장 좋다.

나의 동료 위빠사나 명상 지도자인 로드니 스미스는 여러 해 동안 호스피스 활동을 해 온 사람인데, 그가 본 가장 어려운 죽음은 죽음이 정신적인 체험이기를 기대한 사람들이라고 한다. 그 말은 죽음이 정신적인 체험이 아니라는 뜻이 아니다. 단지 그 뜻은 죽음에 기대를 갖지 말고, 아무 기대 없이 접근하는 것이 가장 좋다는 이야기다.

초심이나 '오직 모를 뿐'인 마음을 얘기할 때 나는 무지를 말하고 있는 것이 아니다. 모른다는 사실을 앎(알아차림), 즉 어떤 것들을 믿고 자기가 안다고 생각하고 지식을 쌓고서 안심하는 마음의 경향을 일부러 반대로 돌리는 것을 말함이다. 이는 수행의 핵심이 되는 열려 있음과 순진함이다. 그것은 하나의 과정의 끝이자 시작이다. 그것은 진정 살아 있음의 기본이다.

다른 분야와 비교해 유추해 보자. 일본에서 남자들이 사무라이가 될 준비를 할 때는 수행에 버금가는 호된 수련을 거쳐야 한다. 그들은 전투태세를 갖추기 위해 몸을 멋지게 만들어야 한다. 그들은 검과 그 밖의 무기로 온갖 복잡한 신공을 배워야 한다. 또 마음 수련을 하여 심리적 스트레스에도 대비해야 한다.

그러나 마침내 수련을 마치고 온갖 전략을 다 배우고 수준 높은 전투를 할 준비가 되면, 그들은 전혀 앞일을 내다보지 않는 법을 배워야 한다. 그들은 아무것도 기대하지 않고 전투에 임해야 한다. 아마도 열등한 상대와는 미리 짜인 계획을 갖고, 자기가 무엇을 할지 미리 알고서 전투에 돌입하는 것이 유효할지도 모른다. 하지만 최고 수준에서는 마음을 텅 비워 맑게 하고 아무것도 미리 내다보지 않아야 무엇에든 대비할 수가 있다. 당신은 진정 대단한 상대가 무엇을 할지 결코 알지 못한다. 불교는 때로 집착 없는 이 온전한 알아차림을 시방(十方, 열 가지 방향)을 보는 것으로, 일종의 포괄적인 깨어 있음으로 이야기한다. 당신은 그저 주의를 기울이기만 하면 되는 것이다.

그렇다고 어떤 사람을 길에서 밀쳐 내며 그에게 전투에 대해 뭘 아느냐고 물어서 그가 아니라고 대답하면 "좋아요. 그게 '오직 모를 뿐'이오." 하고 말하면서 그와 전투에 들어가라는 뜻이 아니다. 모른다는 것 뒤에 숨어 있을 수 있는 기술이 아주 많이 있다. 그리고 그 모른다는 것은 더 높은 종류의 지혜이다. 그것은 텅 비고 고요한 마음이 지니는 유기적 지성이다.

'오직 모를 뿐'에 이르는 한 가지 길은 아는, 혹은 적어도 안다고 생각하는 마음을 보고 마음이 어떻게 사물을 배우는지를 이해하는 것이다. 우리는 우선 가족과 부모와 형제자매로부터 배운다. 종종 가족의 태도는 매우 강해서 정말 특별한 세계관을 제공한다. 우리가 가족으로부터 얻은 지식 너머에 종족 집단의 지식이 있다. 우리가 뿌리를 두고 있는 특정한 경제적 계급과 관련된 종류의 지식도 있다. 특정 공동체와 특정 국가 출신이라는 앎도 있다.

책이나 수업, 일반적인 연구, 선생과의 공부에서 얻는 지식도 있다. 특정 분야에 몰두하여 얻는 지식도 있다. 물론 거리에서 얻는 지혜, 단지 날마다 살아 내면서 얻는 지식도 있다. 그런 것은 내가 어릴 적에 브루클린에서 자랄 때 아주 많이 들었다. "대학은 못 갔지만 인생 학교는 다녀서, 당신의 뜬구름 잡는 책들을 전부 합쳐도 가르쳐 주지 못하는 것들을 배웠지." 같은 말. 아마 당신도 이 학교 출신을 몇 명은 만나 보았을 것이다.

그렇지만 당신도, 비록 내가 그것들을 열거하고는 있지만, 이런 유의 지식 모두가 지니는 엄청난 한계를 알 수 있다고 난 확신한다. 우리는 모두 어렸을 때, 아이의 눈으로 세상을 보면서 다른 아이 집에 가서 거기가 얼마나 신기한 새 세상인지를 발견했던 경험이 있을 것이다. 혹 우리 친구가 다른 인종 출신이라거나 사회적 계급이 다르다면 그 신기함은 배가되었을 것이다. 그 친구가 다른 나라 사람이라면 분명히 이국적이었을 것이다.

어느 날 저녁 내가 케임브리지에서 수업을 하고 있는데 모르몬 선교사 한 쌍이 출석했다. 아마 당신도 모르몬교 선교사들을 시내에서 본적이 있을 것이다. 그들은 다른 사람들과 상당히 달랐다. 하얀 와이셔츠를 입고 폭이 좁은 타이를 매고 짙은 색 정장을 입었다. 그들은 질문 시간에 서서 내게 도전했다. 불교에 도전하는 질문을 하며, 불교는 하느님에 대한 믿음을 표현하지 않았고 그리스도의 우위를 인정하지 않았다고 말했다. 불교는 영적인 요소가 전혀 없는 아시아의 한 심리학일 뿐이라는 것이었다.

그들이 제기한 질문에 답한다는 것은 정말이지 적절치 못한 것이었다. 그들은 수업을 선교의 기회로 이용하고 있었다. 그래서 나는 다른 접근법을 취해, 그들이 비록 자기들은 보편적이라고 주장하지만 실은 그 모든 신앙 체계, 지식 체계에 내재적인 한계가 있다는 것을 보게 했다. 나는 이렇게 말했다.

"들어 봐요, 당신들의 종교가 맞고 내 종교는 틀렸다고 당신들이 생각한다는 걸 난 알아요. 하지만 당신들은 유타주에서 모르몬 교도로 태어났고, 난 브루클린에서 유대인으로 태어났어요. 만약 우리 위치가 바뀌었다면 우리가 여기 앉아서 지금과 같은 편에 서서 논쟁하고 있을까요?"

오호라, 선교사는 하느님의 섭리로 자기는 유타주에 태어나는 복을 받았다고 말했다. 그러나 다른 몇몇 학생들은 내가 말하려는 요점을 간파했다고 난 생각한다.

모든 지식에는 한계가 있으며, 그 한계가 단지 어느 지역에 국한되는 문제만은 아니라고 나는 생각한다. 아무리 방대한 지식이라도 지식의 진짜 한계는 그것이 우리 경험을 해석하는 제가끔의 방식이 있다는 점이다. 그것은 어제의 눈으로 사물을 본다. 생각하는 마음은 우리 경험 앞에서 튀어 올라 과거의 경험을 길잡이 삼아 지금 일어나고 있는 일을 우리에게 말해 주며, 그러다가 다시 우리 마음속으로 달려가 숨어서 우리는 생각이 나타나는지조차도 모르게 된다. 우리는 우리가 겪은 것만을 안다고 믿는다. 그러나 우리의 믿음은 실제로 일어나는 일과는 일치하지 않을 수 있다.

그렇기에 '오직 모를 뿐'인 마음은 새로운 종류의 자유를 우리에게 열어 준다. 알아차림 수행을 통해 당신은 생각이 어떻게 숨었다 나와서 경험을 해석하는지를 배운다. 어떤 생각을 인정하고 생각은 생각일 뿐임을 아는 것을 배운다. 생각은 현실이 아니다. 생각들에 매이지 않고 그것들이 오가게 놓아두는 법을 배운다. 그러다가 당신의 경험이 진정 무엇인지를 볼 기회가 생긴다. 모를수록 더 많은 것이 보인다.

그것이 '오직 모를 뿐'인 마음의 긍정적인 면이다. 예를 들어 당신이 매사추세츠주에 살았지만 로드아일랜드주가 정말 경이로운, 훨씬 더 우월한 주라는 말을 들었다면 어떨까? 당신은 그쪽으로 갈 것이다. 그러나 결국은 결정을 하고 그것을 믿음으로 가지고 갈 순간이 온다. 당신은 매사추세츠주를 떠나 로드아일랜드주로 발걸음을 내디딜 것이다.

아는 것과 모르는 것도 그와 같다. 모르는 것은 말하자면 깊은 고요함, 마음의 빛나는 순수함을 포함하고 있다. 그러나 거기에 이르려면 아는 것을 떠나야 한다. 마침내는 아는 것 바깥으로 발걸음을 내디뎌 모르는 것 쪽으로 가야 한다. 종종 모르는 것에 대한 두려움이 아는 것을 포기하길 망설이게 한다. 왜냐하면 아는 것을 소재로 하여 우리가 자아를 만들어 내기 때문이다. 아는 것은 낯익으며, 설령 아주 잘 작동하지는 않더라도 우리에게 안전하다는 느낌은 준다.

문화적, 종교적 배경이 어떻든 당신은 죽음에 대해 어떤 가르침을 받았다. 죽음이 아무것도 없는, 무로 돌아가는 상태라고 배웠을지도 모른다. 당신은 죽음에 대해 스스로 '안다'고 믿을지도 모른다. 그 가르침을 지우고 다른 것으로 대치하려는 것이 내 의도는 아니다. 죽음에 관한 불교의 믿음을 대략 보여 주는 책이 많이 있고, 당신은 그런 책에서 이런 지식을 찾을 수 있다.

그러나 그것 또한 하나의 믿음 체계일 뿐이며, 또 한 종류의 앎일 뿐이다. 어떤 지식 체계도 그 마지막 경험에 대해 진실이라고 나는 확신하지 않는다. 우리가 죽음의 영역에 들어갈 때는 모든 형태의 앎을 다 버릴 것이다. 우리는 모든 것을 놓아 버릴 것이다. 우리는 불교도도, 그리스도교 신자도, 유대교 신자도 아닐 것이다. 우리에겐 가족이나 종족 집단이나 나라도 없을 것이다. 우리에겐 이름도 없을 것이다. 모든 게 없을 것이다.

우리는 또한 우리를 안심시키는 모든 가르침에도 불구하고 죽음에 대해 뭔가 깊이 신비롭고 사무치는 것이 있음을 인정할 필요도 있다. 나는 부모님 모두를 지난 몇 년 동안에 잃었는데, 두 분이 죽음에 가까워지면서 겪은 모든 변화를 지켜보는 것과, 실제로 그들이 세상을 떠났을 때 그들이 사망했다는 사실을 받아들이는 것은 상당히 다른 일이었다.

태어난다는 것, 이 세상에 온다는 것에 대해서도 똑같이 신비롭고 경이로운 뭔가가 있다. 탄생과 죽음을 넘어서 가야 할 길이 있고 이 해방이 수행의 목표이다. 그러나 삶에는 또 뭔가 놀라운 것, 우리가 살아 보면 경이로운 점, 우리가 도저히 내치고 싶지 않은 면도 있다. 해방이란 그것을 내치라는 것이 아니다.

도겐 선사는 이를 아름답게 표현했다.

"매일의 삶은 숭고한 삶이다. 이 삶을 지탱해 주는 몸은 숭고한 몸이다. 삶을 낭비하지 말라. 몸을 소홀히 하지 말라. 몸을 존중하고 이 삶을 사랑하라."

재생에 대한 이해

죽음이라는 주제는 당연히 사후에 어떤 일이 일어날지에 대한 질문을 불러온다. 여기서 나는 몇몇 독자들이 실망할까 우려된다. 제자들이 내게 와서 사후에 어떻게 될지 질문들을 한다. 종종 그들은 이 질문에 대해 우리 모두 느끼는 불안을 덜어 줄 어느 정도의 확실성, 어떤 믿음을 찾고 있다. 나는 그들에게 불교 가르침이 무엇인지 말해 줄 수는 있다. 그들에게 『티베트 사자의 서』같이 어떤 일이 일어날지 상세히 서술한 책을 알려 줄 수도 있다. 하지만 이런 일들이 진짜라고 이야기하지는 못한다. 나는 그들에게 확실성을 제공해 줄 수는 없다. 난 아직 죽어 보지 않은 것이다.

내가 불교를 좋아하는 것은, 그것이 단지 하나의 신념 체계만은 아니라는 점, 적어도 내가 지금까지 받아들여 온 신념 체계와는 다르다는 점이다. 불교는 실천이다. 가르침이 있지만, 붓다는 항상 말하기를 그가 이렇게 말했다 해서 그것을 믿지 말라고 하였다. 당신들 스스로 궁구하여 그것이 진실하다고 증명되는지를 보라고 말했다.

붓다는 죽음이라는 주제에 관해서 여러 가르침을 남겼다. 어떤 주석가는 그것들이 붓다 아닌 누군가가 남긴 후대의 가르침이라고 생각하기도 했지만, 이 문제에 관한 내 최선의 평가는, 붓다가 죽음에 대해 얼마간의 가르침은 확실히 남겼다는 것이다. 다른 많은 영역에서 붓다의 가르침이 진실이라는 것이 내 수행에서 입증되었기에, 나는 이 또한 믿는 편이다. 하지만 이것들이 진실인지는 내가 다른 것들을 알듯이 알지는 못한다. 아는 것과 믿는 것 사이에는 큰 차이가 있다.

사후의 삶에 대해서는 온갖 믿음이 있다. 불교, 힌두교, 이슬람교, 그리스도교, 유대교, 아메리칸 인디언의 종교들, 그리고 우리에게 이보다 덜 알려진 많은 종교들은 모두 그들의 믿음이 있다. 그들은 모두 이 크나큰 신비에 대해 누군가가 받은 계시를 반영한다고 주장한다. 종교들은 비슷한 점도 있고 차이점도 있다. 물론 마르크시스트처럼, 사후의 삶이란 없다고 주장하는 신봉자들도 있다.

그러나 믿음이란 정의상 알 수 없는 것이다. 믿음은 강하게 보유하는 것이다. 사람들은 믿음 때문에 싸움에 말려들고 심지어 전쟁에 나가기까지 한다. 하지만 믿음이란 알지 못하는 그 무엇에 대한 것인데, 앞에서도 말했듯이 우리는 우리가 모른다는 것을 안다는 것만 알고 있다.

종종 사람들은 모르는 것이 두려워 스스로 안심하려고 어떤 믿음 체계를 확립한다. 얼마나 맹렬히 그 믿음을 붙드는가 하는 것이 그들의 두려움을 재는 척도다. 그러나 그 믿음을 붙드는 한, 두려움은 남아 있고 그들은 살 수도 있었을 충만한 삶을 살 수 없게 될 것이다.

나는 재생을 믿고 그것을 믿음으로써 오는 가벼운 위안을 좋아한다. 내게 일어나는 어떤 두려움도 직접 맞닥뜨리고 그 두려움이 표출되는 대로 그것을 충분히 받아들여 끝까지 감내하고 싶다. 나라고 죽음 이후에 올 일에 대해 때로는 꽤나 확신을 주는 암시를 받아 보지 않은 것은 아니다. 받아 보았다. 하지만 나에겐 확신이 없었다. 나는 내가 본 것 이상을 본 척하고 싶지는 않다.

재생에 대해 종종 쓰이는 이미지는 삶이 큰 바다이고 우리는 파도라는 것이다. 우리의 개별적 파도는 일어나고, 지어지고, 솟구치고, 부서지고, 떨어지지만 즉 파도는 사라지지만 여전히 대양의 한 표현일 뿐이다. 그것은 삶의 한 부분이다. 나도 다른 사람들처럼 깊은 명상 상태에 들어 삶의 파도 너머에 존재하는 심오하고 분리 없는 고요함을 보았다. 붓다는 깨달음을 얻던 날 밤에 전생을 다 보았던 것 같다. 그러나 나는 그것들이 전생이었는지도 확실히 모른다. 그것들은 그저 환각이었을지도 모른다.

나는 이 신비 앞에서 계속 '오직 모를 뿐'인 마음을 가지지만, 실제로 알고 있는 사람들도 있을 수 있음을 기꺼이 믿는다. 죽음 알아차림을 가르치기 시작하여 이 모든 문제에 마주쳤을 때, 난 스승 중 하나인 위말라 타카와 서신으로 내 딜레마를 이야기했다. 나는 죽음에 관한 붓다의 가르침으로 넘어가고 싶었지만, 나 자신의 경험으로 내가 모른다고 느꼈다. 내가 가르쳐 온 다른 것들을 알던 방식으로는 모른다는 것을 말이다. 스승님은 내가 모르고 그분은 아는 표현으로, 놀라운 대답을 해 주었다.

"배움은 삶의 과정을 신선하고 푸르게 한다. 이미 주워들은 지식을 되풀이하는 것은 삶을 진부하고 축축 처지게 만든다. 그대가 배우려는 열망과 배운 대로 실천하려는 힘을 가진 것을 축하하네."

"재생은 하나의 사실이다. 창조적 에너지가 대양에 물수제비를 그리는 것을 태어남과 죽음이라 부른다. 대양의 자궁의 좀 더 깊은 심층에는 물수제비도 파도도 없다. 명상의 차원에 정착한 의식은 태어남과 죽음이라는 움직임에서 자유로워졌다. 그렇게 나는 태어남과 죽음의 진실 그리고 죽음 없는 삶의 신비를 보았다."

나는 위말라가 지적한 바를 흘긋 보았지만 그곳에 살지는 않는다. 내가 모르는 것을 아는 사람들이 있을 것이다. 분명 있다고 느껴진다. 그러나 내가 아는 바의 한계를 인정하고 또한 나의 가르침을 '진부하고 축축 처지게' 만들고 싶지 않아서, 나는 재생에 관한 붓다의 가르침을 내가 이해한 바로 간단히 복습하고 싶다.

우리는 이제 마지막 두 성찰의 영역으로 들어간다.

"나는 내게 사랑스럽고 끌리는 모든 것들과 결별하여 다르게 성장할 것이다."

"나는 내 행위의 주인이자 상속자로서, 행위에 의해 태어나고 행위를 통해 연관되고 내 행위에 의거하여 산다. 내가 무엇을 하건, 선

행을 하건 악행을 하건 나는 그 행위의 과보를 받을 것이다."

다음 장에서 주로 이 두 성찰에 관해 다루겠지만, 이 둘을 여기서도 지적해야겠다. 처음 네 가지 성찰은 모두 나쁜 소식같이 보인다. 우리는 늙어 가고, 병들고, 죽고, 우리에게 소중한 모든 것을 포기해야 한다. 오직 다섯 번째 성찰만이 비록 사람들이 재생의 교리를 믿었던 문화에서 쓰인, 알쏭달쏭한 말이긴 하지만 그나마 우리에게 희망을 남긴다. 다섯 번째 성찰은 업의 법칙을 가리키며, 우리 모두가 가지고 있고 상속 받은 것이 우리의 행위임을 언명한다. 업의 법칙은 사람들 대부분의 마음속에 재생이라는 주제를 불러온다.

우리는 여기서 힌두교 교리인 환생과 불교 교리인 재생을 구별해야 한다. 환생이라는 교리는 단순화하자면 몸에서 몸으로 옮겨 다니며 이어지는 생을 통해 스스로를 정화하다가 마침내 마지막 완성에 도달하여 신과 합일하는 영원한 영혼을 우리가 지니고 있다고 확실히 말한다.

재생이라는 교리는 조금 다르다. 붓다는 우리 개인의 어떤 부분도 영원하거나 불변하는 것은 없다고 가르쳤다. 모든 것은 변화의 과정이다. 죽을 때도 그 과정은 계속된다. 앞서 구상관에서 상세히 묘사한 것처럼 몸은 해체되어 다른 무엇이 되지만, 마찬가지로 변화를 계속하는 정신적 연속체가 있다. 조건이 맞으면 이는 새로운 몸을 취한다. 모든 것은 함께 오는 조건들의 문제이다. 그것은 상호 의존하여 일어난다. 조건 중 하나가 이 정신적 연속체이고, 다른 조건이 합쳐지면 새로운 존재가 만들어진다.

때때로 쓰이는 이미지는, 촛불 하나가 다른 촛불로 옮겨 붙어 켜지는 것이다. 당신이 내내 타올라 거의 꺼지려 하는 초를 들고 있다고 상상해 보라. 촛불이 꺼지려는 순간 당신은 다른 초에 그 불을 옮겨 붙이고, 그러면 갑자기 불꽃이 더 밝게 타오른다. 이것은 같은 불꽃인가 아니면 다른 것인가? 같다고 해도 다르다고 해도 꼭 맞는 말 같지는 않다.

재생이라는 교리도 이와 같다. 하나의 영혼, 하나의 개체가 있어 몸에서 몸으로 옮겨 가는 것이 아니다. 끊임없는 변화의 과정, 그리고 두 몸 사이의 연속체가 있는 것이다.

옛날에 당신은 자궁 속의 태아였다. 그러다가 갓난아기였다. 지금은 아마도 중년 여인일 것이다. 그 여인이 갓난아기와 같은가? 다른가? 어느 쪽도 틀린 듯하다. 그렇지만, 그 아기에게 무슨 일이 일어난 것인가? 아기는 이제 없지만, 죽은 것은 아니다. 재생도 그와 같다. 정신적 연속체는 계속되고, 조건이 맞으면 새로운 몸의 모습을 띤다.

가끔 제자들은 말한다.

"저는 영혼을 믿어요. 불교는 영혼에 대한 믿음을 허용하나요?"

때에 따라 다르다. 깊이 들어간다면, 나는 어떤 정신적 덩어리, 특징을 가진 그러함, '래리 로젠버그임'을 발견한다. 그러나 그건 불변의 어떤 개체가 아니다. 그것 또한 모든 것이 그렇듯이 하나의 과정이다. 그러니 당신이 지금 당장 영혼 같은 것이 있느냐고 묻는다면 불교는 그렇다, 지속되는 과정에는 상대적인 유형이 있다고 말할 것이다. 그러나 만일 당신이 영원불변한 것이 있느냐고 물으면 불교는 아니라고 할 것이다.

이 재생의 교리는 내게 완벽하게 말이 되는 소리였다. 이는 붓다가 가르친 모든 것과 맞아 떨어지며 나는 그 가르침 중 많은 것이 진실임을 발견했다. 하지만 나는 재생의 교리가 진실임을 아는가? 아니다. 다만 이것이 상당히 타당하게 보일 뿐이다.

이 정신적 연속체는 붓다의 다섯 번째 성찰이 말하듯이 우리의 행위이다. 이것이 업의 법칙이다. 우리의 모든 행위에는 결과가 있다. 현재의 경험은 과거로부터 온 행위와 생각들과 연관되어 있고, 우리가 생각하고 행동하는 바는 미래에 결과를 낳는다.

다시 말하지만, 나는 업의 법칙이 하나의 생에서 다른 생으로 정확히 어떻게 영향을 미치는지 모른다. 그러나 그것이 이 생에 적용된다는 건 확신한다. 우리의 생각과 행동들은 엄청나게 중요하며, 바로 여기에서 그리고 지금 당장 멀리까지 가는 영향을 미친다.

그렇기 때문에 나는 재생의 교리에 대해 걱정하는 데에 많은 시간을 들이지 않는 것이다. 바르지 못한 행위는 앞으로 올 생에 고통의 원인이 될 수도 있고, 안 될 수도 있다. 그렇지만 금생에는 분명히 고통을 가져온다. 우리는 그 일을 저지름으로써 지금 고통 받거나 그 후 아주 금방 고통을 받는다. 마찬가지로, 친절하고 너그러운 행동은 바로 지금 우리 생에 자신과 남들에게도 유익하다. 그러니까 나에게는 미래 생의 동기 같은 것은 필요 없다. 지금 당장의 동기가 많고도 많다. 물론 해로운 행동을 피하고 유익한 행동을 키운 결과가 내생에까지 확장된다면, 그건 대단한 보너스일 것이다. 얻을 것은 다이고 잃을 것은 없을 것이다.

마찬가지로, 내가 택한 알아차림의 길은 더 나은 재생으로 이끌건 아니건 내게 바른 길로 보인다. 불교 가르침은 재생에 관해 아주 상세히 말하고 있다. 예를 들면 죽음의 순간 마음의 조건이 다음 생의 질과 많은 관계가 있다고 한다. 가장 유익한 것이 알아차린 상태에서의 평정심

　　　　　　　　　　　　　　　　　　잘 죽는다는 것

이다. 그건 사실일 수도 있다. 그러나 비록 사실이 아니라 해도, 나는 죽음의 순간에 알아차리고 싶다. 단지 내가 경험상 알아차리는 것이 존재의 최선의 방식임을 알기 때문이다.

좀 더 나아가 보겠다. 누군가 나에게 불교가 모두 가짜라고 증명해 보일 수 있다 하자. 붓다는 실제로 살았던 인물이 아니고, 그의 가르침은 모두 그가 살았다고 추정되는 시기 이후에 지어낸 것이며 깨달음 같은 것은 없고, 또 재생 같은 것은 단연코 없다고. 그래도 나는 지금 이 길을 갈 것이다. 무엇이 더 나은가? 알아차리지 않고 사는 것? 산만하고 의지할 수 없는 마음을 지니는 것? 나의 생각과 행동을 살피지 않는 것? 거짓말하고 속이고, 행복에의 갈구라는 충족될 수 없는 본성에 의지하는 것? 내가 지금 이 길을 가는 것은 이것이 내가 찾아낸 가장 좋은 길이기 때문이다.

좋은 삶으로 재생하면 좋겠지만, 태어남과 죽음 모두를 훌쩍 뛰어넘는 것은 더욱 좋다. 우리 수행의 진정한 목적은 다음 생에 다시 더 잘 태어나는 것이 아니라 지금 일어나는 해방이다. 혹시 앞날에 그런 일이 일어날지도 모르지만 말이다. 내가 확신하는 재생은 우리가 끊임없이 새로운 자아를 만들어 가면서 순간순간 일어나는 재생이다. 참된 해탈은 그 과정을 보되 거기에 사로잡히지 않는 것, 그로부터 자유로운 것이다.

그럼 이젠 해탈의 과정과 붓다가 만난 마지막 메신저인 유행승(遊行僧)으로 주의를 돌려 볼 때다. 지금까지는 태어남과 죽음의 과정에만 온통 주의를 기울여 왔다. 이제는 그 과정에서 어떻게 자유로워질지, 그 방법을 찾아내야만 한다.

제 5 장

모든 일은 나로부터 시작된다

아무도 마음의 본성을 정말로 깨달을 때까지는 두려움 없이, 완전히 평온하게 죽을 수 없다. 왜냐하면 오직 이 깨달음만이, 수년간 지속된 수행으로 깊어진 이 깨달음만이, 죽음의 과정이라는 모든 게 녹아드는 혼돈 속에서 마음을 흔들리지 않게 지켜 줄 수 있기 때문이다.   —소걀 린포체

지금 무엇에 집착하고 있는가

젊은 왕자였던 붓다는 늙어 감, 병듦, 죽음의 현실을 배우고 나서 한 유행승과 우연히 만난다. 이 사람은 집이 없다. 가족도 없다. 아무도 사랑하지 않는다. 누구든지 자애로 대하지만, 그 누구에게도 특별한 호의를 보이지 않는다. 왕자가 그에게 묻자 그는 자기가 이 삶의 길을 택한 것은 태어남과 죽음을 염오해서라고 상당히 특별하게 대답한다. 유행승은 괴멸을 모르는 지극한 행복의 상태를 찾고 있다고 했다. 유행승을 만나면서 왕자는 자기도 그와 똑같은 선택을 하고 싶어 한다는 것을 알았다.

붓다는 사랑스럽고 끌리는 모든 것들과 결별하여 다르게 살면서 죽음이라는 궁극적 사실과 직면하는 명상 수행자의 길을 택했다. 붓다의 네 번째 성찰은 우리가 집착하는 것들을 버릴 수밖에 없음을 얘기한다.

이는 아직도 오늘날 상좌부 불교 수행자들이 쓰는 전략이다. 그들은 자기들이 결국은 모든 것을 포기할 수밖에 없을 것임을 안다. 그래서 지금 거의 모든 걸 포기하는 것이다. 그들은 집과 가족을 떠나, 옷 한 벌과 발우 하나만 가지고 재가자의 보시에 의존해서 산다. 하루에 한 끼만 먹고 돈 거래를 하지 않으며, 독신 생활을 한다.

나 자신은 그런 삶을 선택하지 않았지만, 그들의 수행 생활을 대단히 존경한다. 그것은 자유로워지는 가능성을 극대화하는 하나의 입증된 전략이다. 붓다가 만난 유행승도 일정 정도의 해탈을 이루었으며, 내적 자유를 완전하게 하기 위해 만들어진 방식대로 살고 있었다.

그러나 수행자나 유행승이 된다 하여 반드시 자유로워지는 것도 아니다. 붓다가 유행승이 되었다 하여 그 즉시 자유를 찾은 것은 아니었다. 그러기까지는 육 년이라는 세월이 걸렸다. 그러니 단지 승려가 된다는 것만으로는 충분치 않다. 승복과 발우에 집착할 수도 있다. 또 승려라는 정체성에, 자기 의견과 견해에, 자기 수행의 높은 수준에 대한 자부심에 집착할 수도 있다.

내가 한국에서 일 년간 참선을 하는 사찰에서 요가 수행을 할 때, 서울의 누군가가 나를 위해 바느질해 준 멋진 승복을 입었다. 떠날 때, 승려들 중 한 사람이 오더니, 그걸 자기 승복과 맞바꿀 수 있느냐고 물었다. 그는 망설였지만 어쨌든 내게 다가왔다. 그는 내가 재가자이니만큼 승복이 정말로 중요하지는 않겠다고 생각했고, 진심으로 내 옷을 갖고 싶어 했다.

나는 또 태국에서 캐나다인 승려를 알았는데, 그는 자기가 승려라는 생각이 강박관념이 되어 거기에 자주 시달린다고 내게 말했다. 오직 그것밖에는 생각할 수 없을 때도 있다고 했다.

이와 대조적으로, 크리슈나무르티는 좋은 옷을 입고 메르세데스 승용차를 몰고 다닌 것으로 유명하다. 그러나 그가 어느 나라에 있건, 그는 현지 풍습에 따랐다. 그가 입은 옷을 보고 사람들이 감탄하면 그는 그들에게 그 옷을 주겠다고 제안하곤 했고, 정말로 주기도 했다. 그는 아름다운 것들을 갖고 있었고 즐겼지만, 전혀 그것들에 집착하는 것 같지는 않았다. 거의 아무것도 소유하지 않고 사람과 물건에 대한 집착을 놓아 버림으로써 스스로 자유로워지려는 승려 생활의 시도였다.

붓다는 그의 가르침이 우리 모두를 위한 것임을 명확히 밝혔는데, 재가자인 우리에겐 같은 목적을 달성하기 위해 다른 접근이 필요하다. 일반적으로 우리 삶에는 가족, 성관계, 돈을 벌기 위해 일하고 하루 한 끼 이상 먹을 필요, 이런 것들이 포함된다. 이 영역에서 능숙하게 사는 법을 배우는 데 우리는 수행을 사용한다. 그럴 때 우리 삶은 좀 더 조화로워지고 우리는 삶 속에서 수행거리를 찾기도 한다.

붓다는 우리가 변화하는 세상에서 물건들에 집착하기 때문에 고통받는다고 말했다. 고통을 끝내는 방법은 집착을 멈추는 것이다. 정말로 지금 물건들에 대한 집착을 끊을 수만 있다면, 더 이상 죽음을 두려워하지 않을 것이다. 왜냐하면 잃을 것이 아무것도 없기 때문이다. 우리는 이미 모든 것을 놓아버린 것이다.

집착하지 않는 것이 얼마나 이로운지를 실감하려고 죽음이 오기를 기다릴 필요는 없다. 이러한 놓아버림은 인간이 행하고 그와 함께 전적으로 새로운 에너지를 가져올 수 있는 가장 창의적인 행위 중 하나다. 그 에너지는 우리가 배양하거나 취득할 수 있는 게 아니다. 집착을 끊으면 에너지는 절로 나타난다. 집착이 시들면 에너지는 꽃피어난다.

집착을 놓는다 함은 자칫 우울한 과제처럼 들릴 수도 있다. 놓는다는 생각만 해도 그건 에고가 자양을 취할 첫 번째 원천을 빼앗기는 것이라서 서글프고 취약한 느낌이 들 수도 있다. 하지만 이렇게 놓아버리면 그와 함께 명징함과 밝음이 찾아온다. 무엇과도 비교할 수 없는 성취감, 평온, 기쁨의 차원이 열린다.

물론 말로 하기는 쉽지만 실제로 하기는 그리 쉽지 않다. 한 번 집착을 끊는다고 해서 언제까지나 유효한 것도 아니다. 그건 일생 동안 내내 계속되는 과정이다. 그러나 내가 강조하고 싶은 것은, 그것이 머나먼 미래의 일로, 우리가 때로 수년간 수행하리라고 결심하고 마침내 이른바 깨달음이라는 것을 성취하는 방식으로 생각할 그 무엇도 아니라는 점이다. 해탈이란 죽음과 마찬가지로 기나긴 길의 끝에 기다리고 있는 목표가 아니다. 그것은 지금, 오로지 지금만 일어난다. 우리가 선택하고 싶다면 그것은 바로 이 순간 존재한다.

업은 행동의 방향을 정하는 에너지

앞 장에서 나는 업이 하나의 생에서 다른 또 하나의 생으로 작용하는지는 모르지만 적어도 금생에는 작용함을 절대적으로 확신한다고 말했다. 우리가 어떤 행동을 하면 그것엔 결과가 있다. 마찬가지로, 이생에서 순간순간 일어나는 태어남과 죽음이 있다. 우리는 끊임없이 새로운 자아를 태어나게 하고 있다. 이 태어남과 죽음의 세상에서 자유로워질 길은 확실히 있다. 이 자유는 오직 이 순간에서만 찾을 일이다.

업에 관한 가르침은 그저 하나의 믿음 체계만이 아니다. 지금 이 순간에 다가가 당신의 마음을 돌봄으로써 당신의 삶을 더 잘 돌보는 길이 있다.

지금 이 순간은 현재의 행동과 지나간 행동들로, 현재와 과거의 의도의 결과로 형성된다. 때로 과거 행동의 결과가 너무 강해서, 할 수 있는 일이라고는 그 자리를 가능한 한 알아차리며 유지하고 폭풍우가 지나갈 때까지 견디는 것뿐일 수도 있다. 그러나 과거 행동의 힘이 그리 크지 않을 때는, 알아차리면서 대항하고 우리 에너지의 방향을 좀 더 유익한 쪽으로 향하게 할 여지가 있다. 선업을 짓는 것이 가능하다는 말이다.

이런 점에서 붓다의 다섯 번째 성찰은 타인과의 관계에서 한 줄기 희망의 빛이 되어 준다. 앞의 네 성찰은 우리가 늙어 감, 병듦, 죽음에 종속되어 있고 마침내는 우리에게 소중한 모든 것과 헤어져야 함을 깨우쳐 준다. 이는 우리가 제어할 수 없는 실존의 사실들이다. "나는 내 행위의 주인이자 상속자로서, 행위에 의해 태어나고 행위를 통해 연관되고 내 행위에 의거하여 산다. 내가 무엇을 하건, 선행을 하건 악행을 하건, 나는 그 행위의 과보를 받을 것이다."라고 하는 다섯 번째 성찰은 우리가 우리의 생각과 의도를 제어할 수 있다는 것을 알려 준다. 우리가 판단하는 대신 명확하게 보고 이해하겠다는 의도로 몸의 어떤 조건에든 접근하면 그 순간의 경험도 바뀐다.

업은 본질적으로 의도이며, 인간 행동의 방향을 결정하는 에너지다. 움켜쥐거나 싫어하는, 강력히 조건 지어진 습관과 함께 가는 것은 그 자신의 업이요, 제한되고 편협하고 구름이 끼었다고 느끼는 마음 상태다. 이와 달리, 반응하기보다 관찰하겠다는 선택은 즉각적인 결과를 가져온다. 즉 좀 더 열리고 명징하고 너른 마음의 상태를 가져오는 것이다.

의도의 순간순간은 업을 짓는 순간이며, 업이 있으면 언제든 즉각적인 결과가 있다. 노화의 징조가 싫다는 작은 생각조차도 결과가 없지 않다. 이런 순간들이 쌓여 아주 많은 불필요한 고통을 가져오고, 이 고통이 되풀이되고 차츰 더 집중되면서 확장되어 아예 성격의 특징이 되어 버릴 수도 있다.

이렇게 고통과 하나가 되지 않고 마음챙김과 평정심으로 개입한다면, 우리는 이 과정을 짧게 줄이고 불필요한 고통을 막는 셈이다. 즉각적인 현재를 좀 더 잘 돌보고 이러한 능숙지 못한 순간들이 미래에 우리를 짓누르지 못하게 막는 것이다. 이 순간 우리는 과거의 상처를 치유할 수 있으며, 더 좋은 현재를 형성하고 미래에 유익한 씨앗을 뿌리는 것이다.

혹자는 업에 대한 붓다의 가르침을 숙명론이라고 잘못 이해한다. 전혀 그렇지 않다. 속수무책으로 손 놓고 있어야 하는 상황이 아니라 무엇이든 손 쓸 수 있는 상황이기 때문이다. 몸은 늙고 아프고 주름질 수 있지만, 명상으로 확립된 마음은 끝까지 젊고 신선하고 예민하고 명징할 수 있다. 소엔 로시가 말했듯이 수행은 "당신의 비참한 업의 방향을 틀어 경이로운 법으로 향하게 한다."

이것이 바로 불교 스승들이 큰 죽음이라고 말하는 의미이며, 우리는 언제든 그곳으로 갈 수가 있다. 크리슈나무르티가 우리가 매일매일, 매 순간 죽어야만 한다고 했을 때 가리킨 바가 그것이다. 그것은 에고의 죽음이다. 일단 이 죽음이 일어나면, 다른 것은 아무것도 걱정할 바가 없다. 이제 몸만 죽으면 되는 것이다.

집착을 놓는 것은 새로운 관계 맺는 것

좀 더 구체적으로 설명해 보자. 순간순간 우리는 많은 자아들을 만들어 내는데, 거의 생각에 의해 그렇게 한다. 때로 그 자아에는 주요한 것들도 포함될 수 있다. 나는 훌륭한 집중 수행을 지도한, 또는 기막힌 수업을 한, 또는 이러이러한 책을 낸 래리 로젠버그라는 사람이다. 좀 더 소소한 자아들도 있다. 즉 나는 종업원에게 친절한, 또는 아내를 배려하는, 또는 집안일을 많이 돕는 래리 로젠버그라는 사람이다.

이런 일들은 그 자체로는 아무 문제가 없다. 그리고 그런 것이 언제나 좋은 일들인 것만도 아니다. 때로 나는 별로 성공적이지 못한 것 같은 집중 수행을 지도한, 또는 한 반을 능숙지 못하게 가르친 래리 로젠버그일 수도 있다.

문제는, 우리가 그런 것들로부터 자아를 따로 세운다는 점이다. 나는 집중 수행 지도자, 수업에서 학생들을 가르치는 래리 로젠버그다. 우리는 에고의 이런 무게를 질질 끌고 다닌다. 우리는 종종 우리 경험을 구성하는 작은 사건의 연속으로부터 거대한 페르소나를 만들어 낸다. 하지만 그건 모두 잉여다. 그것은 마음이 지어낸 것이다. 우리는 어떤 단단하고 지속되는 방식으로, 존재하지도 않는 자의식을 생각으로부터 만들어 낸다.

좌선 수행을 할 때 우리는 우리 자신이 이 과정에 다시금 여러 번 말려들고 있는 것을 본다. 다른 것은 그만두고라도, 우리는 우리가 얼마나 좋은 혹은 나쁜 명상자인지를 생각한다. 그러나 비단 명상할 때만 이런 것이 아니다. 우리는 끊임없이 그 속에 말려든다. 만약 우리가 알아차림 수행을 우리가 앉은 좌복에서 멀리 떼어 놓고 일상생활 속으로 들여보내 본다면, 우리가 하루 종일 이러고 있는 것이 보인다.

업의 법칙은 이런 종류의 태어남과 죽음에도 역시 적용된다. 물론 그것은 선업을 지으려는, 즉 아내에게 잘해 주고 종업원에게 상냥하게 굴고, 선생으로서 도움이 되려는 지혜의 표현이다. 이런 행동들은 유익한 결과를 낳는다. 그런 행동을 하려고 노력하라. 악업을 짓는 것, 즉 차에 탄 채 사람들에게 꽥꽥 소리를 질러 대거나, 틀린 번호로 전화를 돌려 준 사무원에게 뭐라고 잔소리를 하는 일은 해롭다. 그러나 아예 업을 짓지 않으면, 공을 가로채거나 욕을 할 상대가 아무도 없으면 더 좋다. 일들은 그저 일어나게 마련이고, 그 일들에 대해 아무런 집착도 없는 상태 말이다.

내가 자존감에 대해 제자들에게 말하는 바도 이와 같다. 물론 나쁜 자존감보다는 좋은 자존감을 갖는 것이 낫다. 예컨대 항상 걸어 다니며 이런 생각을 한다면 그건 끔찍한 일일 터이다. 나는 지지리도 못 가르치는 선생이야, 내 수업에서 그 누구도, 아무것도 배우는 게 없어, 내가 지도한 집중 수행에서 아무도 이득을 얻은 게 없어. 하지만 사람들이 이해하기 힘들다고 생각하는 것은, 좋은 자존감 역시 무거운 짐이라는 것이다. 한 예를 든다면 현상 유지를 하는 것, 그것은 상근직이다. 끊임없이 조심을 해야 한다. 또한 그건 끌고 다니기에도 무거운 짐이다. 그건 불필요하다.

선(禪) 전통에는 '무위진인(無位眞人, 차별 없는 참사람)'을 이야기한 임제 선사의 유명한 말이 있다. 이 무위진인은 남보다 우월하다고 느끼지도 않는다. 남들보다 열등하다고 느끼지도 않는다. 똑같다고 느끼지도 않는다. 비교의 전 과정이 아예 마음속에 들어오지 않는다. 그는 위계놀이 자체에서 훌쩍 벗어났다.

무위진인은 위대한 죽음을 이미 체험한 사람이다. 그에게는 두려워할 다른 죽음이 없다.

그러니까 우리의 집착에 관한 문제는 정말 사물 자체, 대상이나 사람들, 성취가 아니다. 문제는 우리가 그것들로부터 자아를 따로 *끄집어내어* 세운다는 것이다. 나는 렉서스 자동차의 소유주다. 한 회사의 사장이다. 예쁜 세 아이의 아버지다. 우리는 이런 것들로부터 자아를 만들어 내고, 그것이 우리의 실체라고 믿는다. 그리고 죽음을 생각할 때는 이런 것들을 잃는다고 상상하여 지레 겁에 질린다. 그러나 우리가 그 무엇보다도 상실을 겁낼 것은 자의식이다.

질문은 이렇다. 우리는 그것을 지금 잃을 수 있는가? 우리는 매일, 매 순간 죽기 시작할 수 있는가?

집착을 놓는, 아니면 적어도 알아채는 과정은 나이 들면서 자연스럽게 일어난다. 우리가 자신에 대한 여러 이미지들을 유지하려고 노력하면 이 이미지들은 현실과 정면충돌한다. 우리에게는 그것들이 아주 잘 보인다. 우리가 일련의 조건들로부터 자아를 쌓아 올려 왔음이 보인다. 그러나 나이 들면서, 이런 것들이 견고한 실체를 갖고 있지 않고 실제로 있지도 않다는 것 또한 명확하게 보인다. 이것이 쉬운 과정이라고 말하려는 것이 아니다. 여기엔 그간 아껴 오던 자아-이미지가 산산조각 나는 진짜 슬픔이 있다. 그러나 그것들로부터 벗어나 자유로워지고 한층 더 성취감 있는 의식의 차원에 돌입하는 것도 기회다.

집착으로 자아를 만들어 내지 않는 수행은 단순하지만 미묘한 일이다. 이왕 지어낸 자아를 내던질 필요는 없다. 실제로, 내던지는 것도 또 다른 집착의 형태이다. 우리가 해야 하는 것은 그저 자아를 만들어 내는 그 짓을 명확히 지켜보는 것이다. 알아차리는 것이다. 그렇게 보고 고요히 이해하는 순간에는 자아가 벗겨져 떨어진다. 명징한 알아차림의 환한 빛을 자아는 견뎌 내지 못한다. 그러다 다음 순간에는 새로운 자아가 만들어질 수 있다. 그래서 자아 만들지 않기 수행에는 지속적인 근면함이 필요하다. 그리고 그것은 언제나 현재에서 일어난다.

그렇다고 더 폭넓은 체험이 없다는 것은 아니다. 때로 큰 덩어리의 자아가 떨어져 나가는 것을 느끼기도 한다. 견고한 자아가 없다는 것을 우리는 뚜렷이 보고 새로운 해방감을 느낀다. 아마도 그러면 우리는 자아를 만드는 짓을 덜 할 것 같다. 그러나 자아 만들기는 미묘한 방식으로, 아주 빨리 일어난다.

예를 들면 자아가 공하다는 것 자체도 집착일 수 있다. 위대한 중국 선사 조주와 엄양 스님의 유명한 선문답에서 이를 볼 수 있다. (『조주록』)

엄양 스님이 조주 선사에게 물었다.

"한 물건도 가져오지 않을 때가 어떻습니까?"

"놓아버려라."

다시 엄양 스님이 묻는다.

"한 물건도 가져오지 않았는데 무엇을 놓아버려야 합니까?"

"놓지 않으려거든 짊어지고 가라."

우리의 명백한 집착을 놓음으로써 공(空)을 성취한 뒤, 성취했다는 미묘한 생각으로 자아 만들기의 과정을 계속 이어가기도 한다. "나는 늙는 것도 상관없고 죽음도 두렵지 않아." 이런 말이 정말인지, 아니면 높은 수준으로 정련된 환각의 음성인지 주의 깊게 보아야 한다. 에고는 밝게 빛난다. 목 하나를 치면 다른 목이 불쑥 올라온다. 우리는 공조차 도 비었음을 보아야 한다.

나 자신의 삶에서 작은 예를 들어보겠다. 처음 위빠사나 수행을 시작했을 때 나는 꽤나 흥분해서 친구들에게 위빠사나 수행에 대해 세세히 설명했다. 내가 아무리 말을 해도 그들 중 몇몇은 무덤덤한 것 같아서, 나는 상처를 받고 방어적이 되었다. 결국 나는 내게 올바른 듯 보이는 수행을 찾았고, 그것을 위해 많은 희생을 했다. 그러나 내 인생의 이 시점에 다른 누군가가 위빠사나 수행을 어떻게 느끼는지 거의 생각하지 않는다. 나는 내가 선택한 길과 나라고 하는 자아를 같은 것으로 보지 않는다. 진정 위빠사나 명상 수행을 하려면, 자기가 위빠사나 명상자라는 생각도 버려야 한다.

내가 말하는 자유에는 우리가 자신을 보호하려고 쌓아올린 모든 심리적 장벽, 우리의 정체성이라고 생각하는 모든 것을 녹여 버리는 일이 포함된다. 이 자유와 연관되어 두려움이 있다. 이는 죽음에 대한 두려움과 똑같은 것이다. 우리는 우리라고 생각하는 것을 잃기를 두려워한다. 그러나 우리는 그 일어나고 사라지는 두려움과 씨름할 수 있으며, 그것도 무상한 형상임을 볼 수 있다. 통찰 가득한 앎의 과정을 통해 우리는 차츰 자의식을 녹여 없앤다. 우리는 건립의 계획 단계에서 죽음을 실천한다.

앞에서 말한 바와 같이, 이 생각이 개념이나 개인적 소유와 관련될 때는 함께 갈 수 있는 사람이 많다. 그러나 사람에 이르면 그들은 멈칫거린다. 예를 들면 그들에겐 자기 아이들에게 집착하는 것이 당연한 것 같다. 그건 그저 아이들에 대한 지극한 사랑의 문제다. 하지만 사랑은 집착과 같은 것이 아니다. 사랑이란 자아와 거기 종종 따르는 소유적인 것을 만들어 냄을 뜻하지 않는다.

사실로 밝혀진 일이지만, 우리는 자아를 떨쳐 버릴 때만 진정 사랑하는 것이다. 집착은 매달림, 일이 어떠어떠하기를 바라고 조건을 세우는 것이다. 하지만 진정한 사랑은 무조건적이다. 그건 어떤 결과에도 집착하지 않는다. 집착을 놓을 때, 그건 가장 가까운 사람들을 내치는 일이 아니다. 단지 전혀 새로운 방식으로 그들과 관계를 맺는 것이다.

내가 여기서 얘기하는 것은 정말 새로운 것이 아니다. 우리는 그것을 큰 죽음이라 부르지만, 그것은 진실로 매일 꾸준한 마음챙김 수행에서 나오는 당연한 결과다.

알아차림 수행이 그렇다. 그것은 단순하게, 마음이 누그러질 정도로 단순하게 들리면서 시작되지만, 어떤 의미에서는 절대 변함없는 방식으로 진행된다. 수행 20분 후 당신이 명상 제자들에게 말해 주는 것이나 20년 수행하고 나서 말해 주는 것이나 그리 다르지 않다. 그러나 거듭거듭 이 수행을 하면 수행은 점점 깊어져, 마침내 그것이 삶 자체만큼이나 폭넓고 신비로운 것임이 보인다. 차츰 당신의 모든 중독과 집착이 보이고 마침내 가장 지독한 집착, 자아에 대한 집착에 이르게 된다.

그것과 씨름할 때 당신은 모든 중독과 씨름하는 것이다. 또한 죽음 알아차림을 수행하고 있는 셈이다. 왜냐하면 자아라는 개념이 죽는 것이니까. 죽을 만한 다른 것이 따로 없다.

당신이 지금까지 얼마나 무거운 짐을 져 왔는지 보이는가. 그 바라봄은 의식의 세탁이다. 또한 가장 깊은 가르침과 우리 정체성의 방대한 확장을 깨닫는 것이기도 하다. 마음 자체의 광대하고 고요한 본성에 비할 때는, 세상에서 가장 좋은 자아-이미지라도 햇빛과 비교된 촛불과 같다.

우리의 의식을 그런 식으로 세탁하고 우리의 매달림과 집착을 기꺼이 포기하는 것은 경이로운 느낌이다. 그건 죽음을 미리 그려 보는 일이지만, 결국 엄청난 안심이기도 함이 밝혀진다. 이제껏 수행과 참된 삶에 주요한 장애가 되었던 사물들과의 관계 방식에 대해 죽는 것이다.

그러니까 우리의 수행은 죽음에 대한 것, 죽음을 충만하게 마주함에 대한 것이지만, 삶에 대한 것, 어떻게 살지를 배우는 것이기도 하다. 그것은 삶에 죽음이라는 불빛을 밝혀 준다. 만약 붓다가 늙어 감, 병듦, 죽음이라는 현실을 마주하지 않고 궁 안에서 수행에만 힘썼다면 그의 수행에는 아마 절박함이 부족했을 것이다. 우리는 사후에 삶이 있는지를 알고 싶어 하며, 분명 그것은 유효한 관심이다. 그러나 진정한 질문은 죽음 이전에 과연 삶이 있는가 하는 것이다. 우리는 지금 살고 있는 것인가? 일단 죽음을 알아차리면서 살기만 한다면, 진정 살고 있는 것이다.

죽음 이전에 과연 삶이 있는가?
우리는 지금 살고 있는 것인가?
일단 죽음을 알아차리면서 살기만 한다면,
진정 살고 있는 것이다.

앎이 되기

내가 말하는 자유로워지는 수행, 매일 매순간 죽는 수행은 '오직 모를 뿐'인 마음과 밀접하게 연관되어 있다. 우리는 우리가 누군지 안다고 생각하면서 수행을 시작한다. 내 이름은 아무개다. 나는 이러이러한 곳에서 태어났다. 내 부모는 저러저러한 사람들이다. 나는 아무아무 곳에 산다. 내 특징은 다음과 같다. 그러나 수행을 많이 할수록, 이런 나와 내 삶의 이야기들을 통해 우리는 보게 된다. 그러다 마침내 아무것도 남지 않은 곳에 이른다. 아무런 정체성도 남아 있지 않다. 우리는 우리가 누군지 모른다. 하지만 우리는 '정말로' 모르는 것이다. 그리고 우리는 더 이상 개념적인 답을 기다리지 않는다. 왜냐하면 그러한 모름이 진정한 앎이기 때문이다. 우리의 본질은 어떤 개념이나 표상이 아니다. 그저 있는 것이다.

이는 달마 대사와 양나라 무제의 유명한 이야기와 같다. 양무제는 불교의 적극적 후원자였고 자기가 불교에 대해 아주 많이 안다고 믿었다. 달마 대사를 만나 그가 명상에 매우 깊이 들어간 사람이라는 것을 안 양무제는 그에게 교리에 대해 두세 가지 질문을 했지만, 자기가 기대하던 답을 전혀 얻지 못했다. 마침내 참다못한 양무제가 말했다.

"내 앞에 서서 이런 답을 하는 그 사람이 누구요?"

달마 대사는 말했다.

"저는 모릅니다."

달마 대사의 답은 무지를 표현하는 답이 아니었다. 그 말은 우리의 참 본성을 표현함에 있어 어떤 개념도 부적당하다는 것을 나타낸다. 이는 '오직 모를 뿐'인 마음을 깊이 꿰뚫은 것이다.

명상 수행에서 생기는 이와 비슷한 과정이 있다. 처음 명상을 시작하여 지금 이 순간에 머문다는 것이 생소할 때는, 우리가 호흡에 상당히 밀착하는 경향이 있다. 시간이 지나면서 마음은 차분하게 안정되고 '선택하지 않고 깨어 있는' 수행으로 숨, 몸의 감각, 마음 상태 등 모든 것을 그저 지켜보기만 하는 상태가 된다. 우리에겐 무엇이 나타나야 한다는 의제도 없으며, 무엇을 하건 그것을 택하지도 내치지도 않는다. 우리는 뭔가를, 그저 그것이 거기 있기에 바라볼 뿐이다. 그 모든 것이 오는 것도 보고, 가는 것도 본다.

처음의 느낌은 우리가 호흡이나 다른 대상을 지켜보면서 뭔가를 '하고' 있다는 것이지만, 시간이 지날수록 하고 있음은 떨어져 나가고, 떠오르는 것은 오직 모든 걸 오고 가게 놓아두는 노력 없는 알아차림의 기술뿐이다. 아직도 어느 정도는 대상에 강조점이 주어져 있다. 우리는 들숨 날숨을 느끼고, 차가 지나가는 소리를 듣고, 한쪽 무릎에 찌릿한 통증을 느끼고, 하나의 물결 같은 두려움과 공황 상태가 일어나는 것을 지켜본다. 이 모든 것들이 무상하다는 것을, 그것들이 일어났다 사라진다는 것을 우리는 알아채지 않을 수 없다.

그것조차도 진정한 '선택하지 않고 깨어 있는' 알아차림은 아니다. 아직도 관찰함과 관찰자가 있다는 약간의 의식이 있다. 미세한 자의식이 남아 있다. 거기 앉아서 '선택하지 않고 깨어 있는' 알아차림을 하고 있는 사람이 있는 것이다. 그러나 몇 달 몇 년을 계속 좌선 수행을 하면, 강조점이 옮아간다. 우리가 일부러 관찰하고 있다는, 명상자라는 그 의식이 때로는 단지 일정 기간 동안 스러졌다가 이 기간이 점점 길어진다.

더 이상 관찰자와 관찰되는 바가 따로 없다. 어떠한 분리도 없다.

일어난 일은 우리가 말해 왔던 에고, 지켜보고 정체성을 확인하는 자아가 스러지기 시작했다는 것이다. 그저 어떤 노력도 없는 앉아 있음만이, 순수한 알아차림만이, 이 순간의 삶에 열려 있고 나뉘지 않은 연결만이 있다. 마치 우리가 지켜보는 모든 것이 하늘의 구름들이고 이제 푸른 하늘 자체가 드러나기 시작하는 것 같다. 하늘이 점점 드러나는 것이 아니다. 하늘은 늘 그렇게 거기 있었다. 우리는 그렇다는 것을 깨닫는다. 단지 구름에 가려 있었을 뿐이다.

이것이 숲속 명상의 스승들이 우리에게 앎이란 무엇인지를 얘기해줄 때 뜻하는 바이다. 그러나 우리는 그 앎이 되려고 애쓸 필요가 없다. 우리가 이미 앎인 것이다. 우리 모습은 늘 그러했다. 거기에 이르기 위해 우리가 할 것이 하나도 없다. 그것은 그저 일어날 뿐이다. 수행을 계속하면 점점 더 깊어진다. 우리의 본성인 하늘이 더욱 뚜렷하고 안정적이 될수록 우리는 더욱 광범위한 맥락에서 구름들을 체험하고, 구름들은 더 이상 문제가 되지 않는다.

이런 상태를 내가 조금이나마 좋아했기에, 죽음에 관한 불교 가르침을 어느 정도 믿게 된 것이다. 또한 내가 그것을 맛보았으니까 모름의 상태에서도 편안한 것이다. 왜냐하면 그 깊고 평온한 곳은 우리가 생각하듯이 앎의 하나가 아니라 모름의, 순수 알아차림의 장소이니까. ('모름이 되어라'라고 숲속 명상의 스승들은 말할 것이다.)

그런 맥락에서 태국에서 내게 아주 많은 도움을 준 스승 아잔 마하부와의 말을 인용하고 싶다. 이 말은 그가 암으로 죽어 가는 어느 여성에게 한 법문에 나오는 것으로, 그는 매일 저녁 그녀에게 법문을 하곤 했다. 한번은 그가 이렇게 말했다.

곧 죽음이 닥치는 순간에도 심장은… 고통과 죽음으로 흔들리지 않을 것이다. 왜냐하면 마음이 마음이며 알아차림의 요새라는 것이 확실하니까… 그러니까 마음은 죽음을 두려워하지 않는다. 왜냐하면 어디에서도 파괴되지 않으리라는, 자신에 대한 확신이 있기 때문이다. 알아차림은 그 힘을 멀리, 또 널리 퍼뜨린다. 심장은 점점 더 빛나고 용감해질 것이다. 왜냐하면 알아차림이 그것을 깨끗이 씻어 주니까. 설령 그 순간 죽음이 찾아온다 해도, 아무 문제없다. 고통은 사라지겠지만, 마음은 사라지지 않을 것이다. 마음은 그 '마음다움'으로 돌아올 것이다. 물러서지 않고 고통을 참구하여 이해할 때까지 알아차린다면, 비록 죽을 때가 임박하더라도 당신은 고통이 먼저 사라질 것임을 알 것이다. 마음은 사라지지 않을 것이다… 마음은 이 모든 것에서 뒤로 물러나 '마음다움'으로 되돌아갈 것이다. (『마음에서 바로』)

또 다른 날 저녁에 한 말은 이렇다.

죽음을 두려워할 필요가 없다… 당신을 잡아채어 상처를 줄 올가미를 만들지 말라. 마음에는 죽음이 없다. 순수하고 단순한 알아차림 뿐이다. 죽음은 마음속에 존재하지 않는데, 마음은 100퍼센트 불변의 확실한 그 무엇이 아니다… 우리 인간은 숨 쉬기를 멈추면 죽은 사람이라 불린다. 그 순간, 아는 그 사람은 그를 이루던 요소들과 분리되어 아무 느낌 없는 신체의 요소만 남는다. 그것이 죽은 사람이다. 그러나 실제로 아는 그 사람은 죽지 않는다. (같은 책)

똑같은 믿음을 갖고 이야기한 또 다른 스승은 한국의 선사 성철 스님인데, 그는 '오직 모를 뿐'인 마음에 대한 믿음을 강조했다.

우리는 모두가 깨끗하고 빛나는 넓은 마음을 가지고 있어서 천추만고에 영원히 변함이 없습니다. 설사 천 개의 해가 일시에 떠올라도 이 빛보다 밝지 못하나니, 이것을 본마음이라고 합니다.

넓고 가없는 우주도 본마음에 비하면, 본마음은 바다와 같고 우주는 바다 위에 떠 있는 좁쌀 하나만 합니다. 이 본마음은 생각으로도 미치지 못하고 말로써도 형용할 수 없으니, 이러한 보물을 가지고 있는 우리는 영광 중의 영광입니다.

이 마음에는 일체의 지혜와 무한한 덕행이 원만구족하여 있으니, 이것을 자연지(自然智)라고 합니다. 이 자연지는 개개가 구비한 무진장의 보고입니다. 이 보고의 문을 열면 지덕을 완비한 출격대장부가 되나니, 이것이 인간 존엄의 극치입니다. 세상 사람들은 이 보고를 모르고 고인들의 조박(糟粕)인 언어, 문자에서만 찾고 있으니 얼음 속에서 불을 찾음과 같습니다.

이 마음은 거울과 같아서 아무리 오랫동안 때가 묻고 먼지가 앉아 있어도 때만 닦아 내면 본거울 그대로 깨끗합니다. 그리고 때가 묻어 있을 때나 때가 없을 때나 거울 그 자체는 조금도 변함없음과 같습니다.

금가루가 아무리 좋아도 거울 위에 앉으면 때가 되어서 거울에는 큰 장애입니다. 그리하여 성현들의 금옥 같은 말씀들도 이 거울에게는 때가 되어 본마음은 도리어 어두워집니다.

그러므로 깨끗하고 밝은 본마음을 보려면 성인도 닦아 내고 악마도 털어 버려야 합니다. 더욱이 각 종교의 절대적 권위인 교조들의 말씀은 본마음에 가장 큰 장애와 병폐가 되나니, 불교를 믿는 사람은 석가를 버리고, 예수를 믿는 사람은 예수를 버려야 합니다. 그리하여 석가, 공자, 노자, 예수 할 것 없이 성인 악마를 다 버리고 닦아 내면 푸른 허공과 같이 깨끗하게 되나니, 이 허공까지 부수어 버려야 본마음을 봅니다.

과거의 성인들에 너무 집착하여 이를 버리지 못하면 본마음에 이보다 더 큰 병폐와 장애가 없으니, 이것을 독약같이 버려야 참다운 지혜와 영원한 자유가 있으며 우리의 본마음을 볼 수 있으니 석가, 예수, 공자, 노자를 원수같이 털어 버려야만 합니다. 이들이 본마음에 때가 됨은 악마와 같아서 이를 버리지 못하면 본마음은 점점 더 캄캄하여집니다. 오직 우리의 본마음을 보기 위하여 석가, 예수를 빨리 털어 버립시다.

어허!
석가, 예수는 누구인가?
성인 악마 다 잊고서 홀로 앉아 있으니
산 위에 솟은 달은 더욱더 빛이 나며
담 밑에 국화꽃은 향기롭기 짝이 없네. (성철 스님, 『산은 산이요 물은

——— 잘 죽는다는 것

물이로다』)

당신이 이 말을 읽고 어떤 느낌이 들지 나는 모르겠다. 어떤 독자들은 고취감을 느끼고 큰 희망으로 감동될 것이다. 어떤 사람들은 회의적일 것이다. 그러나 이 흔들 수 없는 마음의 품성이 당신이 알건 모르건 수행이 지향하는 방향이다. 당신이 숨에, 또는 음식 한 조각에 마음챙길 때, 매번 마음챙기며 한 걸음 내디딜 때, 당신은 환히 빛나는 마음을 향해 움직이고 있는 것이다.

내가 죽는 순간 어떤 일이 일어날지 나는 모른다. 그러나 그것이 어떤 일이든 겁먹지 않고, 그곳에 온통 내 생각뿐인 상태가 아닌, 수행으로 단련된 꾸준한 마음으로 거기에 있고 싶다는 것은 확실히 안다.

몇 년 전 나의 수행에 대해 타라 툴쿠 린포체에게 이야기했다. 나는 그를 대단히 존경하며 내가 하고 있는 일을 그가 어떻게 생각하는지 궁금했다. 아마 나는 칭찬을 낚시질하듯 구하고 있었는지도 모른다. 그는 내가 하는 말들을 귀 기울여 듣더니 다른 방식으로 대답해 주었다.

"그럼 나는 이렇게 묻겠네. 자네는 자네가 온전히 파괴할 수 없는 존재라는 걸 절대적으로 믿는가?"

이 무슨 질문이란 말인가! 나는 그렇다고 말할 수가 없었다. 그가 뜻하는 바는 명확했다. 즉 계속 수행하라는 것이었다. 그러한 믿음을 느끼기를 갈망하는 사람이라면 누구에게나 내가 해 줄 조언이 바로 이것이다.

제 6 장

살고 죽는 것과 친밀해지기

깨어난 마음이란 세상 만물과 친밀한 마음이다.

-에이헤이 도겐

이 책의 주제는 우리가 그것을 검토하기 위해 하는 실제 수행과 밀접하게 연결되어 있다. 우리가 정말로 붓다가 가르친 바를 파악할 수 있다면, 노화와 죽음에 관해 아무 문제도 없을 것이다. 노화와 죽음의 진실을 깊이 볼 수 있다면 붓다가 가르친 바를 이해할 것이다. 노화와 죽음은 우리의 삶에서 풀어야 할 과제나 없애야 할 문제가 아니라 우리가 알 수 있는 가장 깊은 진실을 배우는 방법이다. 해탈의 문이다.

바른 명상 수행은 우리가 좌복 위에 앉아서 기울이는 것과 똑같은 주의 집중을 일상의 다른 일에도 기울이는 법을 배우는 것이다. 좌선할 때의 알아차림이 온종일 지속되도록 하는 것이다. 마음챙김 수행에 관해 내가 좋아하는 은유 중 내게 무척 도움 되었던 것은 마음챙김을 '친밀함 수행'으로 보는 것이다.

13세기의 위대한 선사 에이헤이 도겐에게 한번은 누가 이런 질문을 했다. 깨어난 마음이란 무엇입니까? 그가 대답했다.

"세상 만물과 친밀한 마음이다."

이 말을 잘 생각해 볼수록 그 뜻은 점점 더 깊어진다. 친밀함을 수행한다 함은 숨 쉬는 단순한 행위부터 궁극적인 인간 체험인 깨어남이나 해탈의 범위에까지 이른다. 또한 그 사이의 모든 것을 포함한다.

있는 그대로 체험하기

'친밀함'이라는 표현은 물론 우리 문화에서는 대중적이다. 우리는 모두 친밀함을 원하거나 적어도 원한다고 생각하지만, 실제로 느끼는 것은 외로움, 분리, 고립이다. 비록 아무도 이 말을 듣고 싶어 하지 않지만, 사실 우리는 자신의 고독과 친밀해져야 비로소 다른 사람과 친밀해진다. 우리는 자신과 친밀해질 때까지는 누군가와 친밀해질 수 없다.

이 책의 더 큰 주제 – 병들고, 늙어 가고, 죽는 것 – 는 지극히 친밀한 일이다. 어떤 일이 이보다 더 우리와 가까울 수 있을까? 그러나 우리는 그것들로부터 도망칠 수 있는 능력이 뛰어나다. 우리에게 가장 가까운 것으로부터 우리는 도망치고 있는 것이다. 물론 우리는 정말로 그렇게 할 수는 없다. 우리 삶의 기본적 사실들이 늘 바로 여기에 있다. 그러나 우리는 계속 도망치고 있고, 또 그렇게 함으로써 스스로에게 친밀한 이 방인이 되고 있다.

우디 앨런은 그가 만든 영화 중 한 편에서 이런 말을 하고 있다.

"난 죽기가 무서운 게 아니라, 그 일이 일어날 때 내가 거기 없었으면 좋겠어."

수행하는 사람으로서 우리는 이와 정반대다. 우리는 죽는 것의 두려움을 어떻게 터놓고 인정할지를 배우고 있다. 심지어 그 두려움이 나타나기를 일부러 청하기까지 한다. 그리고 확실히 죽음만 빼놓고 모든 일이 일어날 때 거기 있기를 원한다. 그것은 깨달음에 이르는 붓다의 길에 일생 헌신할 수 있느냐 하는 중요한 시험이 될 수 있을 것이다. 우리는 그 최종 순간과 친밀하기를 원한다.

친밀함이란 비분리의 체험이다. 무엇이 일어나든 그 일과 하나가 되는 것을 체험함이다. 우리는 지금 괜찮지 않다고, 우리가 무엇이건 너무 두려워하고 욕심이 많고 화를 잘 낸다고 생각하는 경향이 있다. 그러나 만약 어떤 마음 수행을 택한다면 스스로 개선될 수 있다고 생각하는 경향도 있다. 미래의 어느 시점엔가는 괜찮아질 것이다.

우리는 '~하기 위해서'라는 마음을 갖고 있다. 우리는 항상 '저것'을 얻기 위해서, 혹은 '저것'이 되기 위해서 '이것'을 하고 있다. 그렇지만 악착같이 노력하고 야심을 갖고 목표에 몰두하고 우리 자신보다 앞서 나가는 바로 그 성향이, 우리를 지금 이 순간에서 떠나 현재 있는 방식에서 멀어지게 한다. 친밀해지기를 바라기 때문에 친밀해지지 못할 수 있다.

내가 가장 좋아하는 불교 전통 중 하나가 코쇼 우치야마의 조동종 계보(묵조선(默照禪)을 주된 수행법으로 실천함. - 옮긴이)이다. 이는 쇼하쿠 오쿠무라와 우치야마의 저작을 번역한 많은 다른 사람들에 의해 미국에 들어왔다. 우치야마는 자기 선배이자 스승인 사와키 로시의 제자였으며, 두 사람의 교류에서 우치야마의 여러 책들이 쓰여졌다.

사와키는 어렸을 때 힘든 고아 시절을 겪었는데, 폐사(廢寺)를 맡아

일구면서 일본 선의 토대를 흔들어 놓았으며 매우 엄격한 형태의 선을 수행하여 누가 보아도 강력하고 카리스마 있는 지도자였다. 반면 우치야마는 자기 글에서 스스로를 수줍고 약한 존재라고 소개한다. 어떤 시점에 그가 사와키에게 물었다.

"제가 좌선을 오랜 세월 하면 스승님처럼 강해질까요?"

사와키는 잠시도 머뭇거리지 않고 말한다.

"아니, 그렇게 되지 못할 걸세. 나는 언제나 이런 식이었다네. 좌선을 해서 이렇게 된 것이 아니라네."

그는 자기 묘비명이 이랬으면 한다고 말했다.

"여기 사와키 로시 잠들다. 일생을 좌복에 앉아 낭비하였다."

그는 좌선이 아무 짝에도 쓸모없다고 말한 것으로 유명하다. (그러나 온 마음으로 이 쓸모없는 활동을 하지 않는다면, 일생이 쓸모없어질 것이라고 그는 말하곤 했다.) 그는 '~을 위하여'라는 마음에 반대하고, 자기 제자들이 그저 앉기 위해 앉는다고 주장했다.

다른 한 편으로, 좌선은 당신이 할 수 있는 가장 실제적인 일 중 하나다. 그것이 결정적으로 당신의 삶에 유익한 효과를 남긴다는 것은, 수행하는 누구라도 당신에게 말할 수 있다. 그러나 당신이 마치 우치야마가 사와키처럼 되고 싶어 하는 식으로 그 효과들을 얻으려고 앉아 있다면 스스로를 망치고 있는 셈이다. 그건 좌선이 할 수 있는 일을 제한하는 것이다. 수행에 열정을 기울이고 방향을 부여하는 것은 좋다. 그러나 종종 우리는 앞에 추구해야 할 그 무엇을 놓는다. 그리고 그 때문에 이 순간과의 충만하고 직접적인 접촉과 분리된다. 마음 한 구석은 목표에 몰두해 있어 지금 당장 어떤지를 볼 수 없는 것이다.

내가 가르치는 주된 방법 중 하나는 종종 매사추세츠주 배리에 있는 통찰 명상 센터에서 9일간 묵언 집중 수행을 하는 것이다. 이 집중 수행이 유익하다거나 우리 수행을 깊게 할 수 있는 놀라운 방법이라는 데에 나는 의문의 여지가 없다. 수행을 하는 사람들에게는, 그 수행이 상당한 시간과 에너지 투자를 의미한다. 먼 곳에서 오는 사람들도 있고, 일할 시간을 쪼개 시간을 내서 오거나 가족과 떨어져서 온다. 그들은 몇 달 동안 집중 수행을 기다려 온 경우가 많다.

그러니까 그들이 집중 수행이 어땠으면 하는 생각이나 거기서 무엇을 얻었으면 하는 생각을 갖고 명상 센터에 오는 것은 당연하다. 종종 그들은 삶에서 받은 스트레스를 줄이거나 평온을 좀 찾았으면 한다. 자신의 창의성을 끌어내거나 중요한 통찰을 얻고 싶어 하기도 한다. 위빠사나 명상은 또한 통찰 명상으로도 알려져 있다. 그리고 집중 수행에 오는 사람들은 이런 통찰을 얻고 싶어 한다. 그들은 자신이 누군지 모르지만, 통찰은 원한다.

하지만 희극적이고 특징적인 것은, 그들이 바람과는 정반대의 일이 일어나는 것을 목도한다는 것이다. 집중 수행에 참가한다는 것 자체가 꽤나 스트레스 쌓이는 일이다. 적어도 처음에는 그렇다. 새로운 장소에 있어야 하고, 독서, 글쓰기, 심지어 말하기까지 오래된 일상대로 할 수가 없고, 수행 기간 동안 새롭고 때로는 달갑지 않거나 어려운 소임을 할당 받는다. 당신의 마음은 내적으로 수많은 수다를 떨면서 묵언 수칙에 대해 반응할 수도 있고, 집중 수행에서 한 방을 쓰는 사람이나 함께 수행하는 사람이나 점심 식사에 줄을 서서 시간을 길게 끄는 성가신 사람들과 인간관계상 문제가 있음을 발견할 수도 있다.

당신의 마음은 어떤 통찰도 갖지 못하고 있다. 당신이 집에서 가졌던 것과 같은 오래된 마음이다. 집에 있는 것이 차라리 나을 뻔 했다. 여기가 집이라면 얼마나 좋을까 하는 생각이 들기 시작한다.

문제는 온통 집중 수행이라는 것이 이러이러 해야 한다는 당신의 기대, 숨겨진 의제이다. 왜냐하면 이런 개념들이 당신을 이 순간으로부터 끌어내기 때문이다. 우리가 무엇을 바라고 기대하건, 삶은 그저 계속 지금 이대로이다. 사물들의 현 상태와 우리가 그들이 이러저러하기를 원하는 상태 사이에는 간극이 있으며, 이 간극은 고통으로 가득 차 있다. 이런 고통이 집중 수행에서만 일어나는 것이 아니다. 그것은 삶에서 날마다 일어난다.

수행은 재교육의 심오한 형태로서, 우리 마음을 일어났으면 하는 것으로부터 멀리 떼어 지금 일어나고 있는 일 한복판에 세워 놓는다. 비록 우리가 그것들을 능숙한 수단으로 쓰고 그것들이 쓸모 있는 방법이기는 하지만 결국 수행의 핵심은 좌선이냐 행선(걷기 명상)이냐 하는 것이 아니다. 수행은 이 순간의 체험과 함께하는 것이다. 바로 지금. 그 체험이 어떤 것이든 간에 말이다. 평정심이 있는 알아차림이 관건이다. 그것은 움켜쥐거나 밀어냄으로써 왜곡되지 않은 주의 집중이다.

종종 내 제자들, 특히 처음 온 제자들은 내게 방금 정말 훌륭한 좌선 수행을 했다고 말한다. 좌선이 어때야 한다고 그들이 생각했던 바로 그것이었다고. 마침내 명상이라는 게 뭔지를 알게 되었다고. 그럼 나는 생각한다. 안됐군. 자네가 방금 좋은 좌선을 한 거라면 좋지 않은 좌선도 그 뒤에 멀지 않을 거라고. 왜냐하면 다시 똑같은 일을 기대하며 앉을 테니까. 똑같은 일은 두 번 다시 일어나지 않는다. 법의 순환에는 수

수행의 핵심은 좌선이냐 행선(걷기 명상)이냐
하는 것이 아니다.
수행은 이 순간의 체험과 함께하는 것이다.
그 체험이 어떤 것이든 간에 말이다.

학적인 방정식이 있다. 기대는 고통과 마찬가지다.

반면 친밀함 수행은 그저 있는 그대로의 체험과 함께하는 것이다. 사람들은 집중 수행에서 소임, 예를 들면 복도 청소 같은 일을 부여 받는다. 그리고 얼마나 그런 일과 친밀할 수 있는지 깜짝 놀란다. 그들은 종종 그런 일을 우악스럽게 얼른 해치우려고, 지금 하고 있는 일에 일종의 비상한 주의를 기울이려고 노력한다. 그것은 20초쯤 계속된다. 좀 더 나은 방법은 긴장하지 않고 청소에 몰두하며 그냥 무슨 일이 일어나는지를 지켜보는 것이다. 어떻게 생각들이 떠오르는지 보라. 아마 좀 더 빨리빨리 일을 해치우고 산보하자는 생각 같은 것이 떠오를 것이다. 그 생각들이 지금 하고 있는 일과 당신을 분리시킨다. 과정과 싸우지 말고 그저 보는 행위 속에서 맡은 일로 돌아오라. 그러면 당신이 완전히 그 일과 하나가 되는 순간들이 있을 것이고, 그런 순간들은 차츰 늘어날 것이다. 친밀함이란 분리를 명확히 보는 데서 온다.

아마도 당신은 반드시 그것을 친밀함이라 부르지 않더라도, 내가 말하는 친밀함을 체험해 보았을 것이다. 주체/객체의 이분법이 녹아 버리고, 더 이상 활동을 하는 자가 따로 없는 순간, 그저 활동만이 있다. 음악 연주자들은 말하기를, 가끔씩 악기에 너무도 몰두한 나머지 그걸 연주한다는 것이 그런 식으로, 절대적으로 아무런 노력 없이 이뤄지는 때가 있다고 한다.

운동선수들은 그런 경지에 이르는 것으로 잘 알려져 있지만, 때로는 너무나 평범한 사람들도 달리기나 수영 같은 활동에 몰두한 나머지, 하는 자가 사라질 때면 똑같이 그렇게 된다. 춤을 잘 추는 사람들도 종종 같이 추는 사람과 함께, 또는 혼자서 그렇게 된다. 갑자기 춤추는 사람은 없고 오로지 춤만 있는 것이다. 한 생각이 일을 다 망칠 수도 있다. "나는 춤과 혼연일체가 되었다."라고 생각하면, 자의식이 돌아온다.

이런 순간들이 생기는 것은 우리가 그 활동에 헌신하고 거기에 충만히 자신을 내주기 때문이다. 수행의 목적은 그런 식으로 매사에 몰두하는 것, 어떤 보상을 바라서가 아니라 그저 그 순간 그것이 당신의 삶이기에 그렇게 하는 것이다. 우리는 앉는다는 단순한 행위를 그런 유의 놓아 버림을 수행하는 하나의 방편으로 쓴다.

처음 좌선을 할 때 우리는 자전거 타기를 배우는 아이와 같다. 우리는 우리 몸과 호흡을 의식하고 상황 전체에 어떤 겁쟁이 같은 느낌과 자의식을 느낀다. 하지만 어느 정도 지나면 자전거를 타는 것이 마치 아이와 자전거가 하나가 된 것같이 제2의 본성처럼 되는데, 앉는 것도 마찬가지다. 마음과 몸, 숨이 하나가 된다. 마치 당신이 숨을 쉬고 있는 게 아니라 숨이 저절로 쉬어지고 있는 것과 같다. 어디에서도 숨 쉬는 자를 찾을 수가 없다.

이런 친밀함 체험에 대한 하나의 은유는 날[生] 음식처럼 날 것이라는 특성이다. 우리의 순간순간 체험은 그저 어떤 방식으로 '있다.' 우리는 등이 아프다고 말하지만, 정말로 그 느낌은 단 하나밖에 없고 끊임없이 변하고 있다. 심지어 '통증'이라는 말마저도 그것에 대해 진실이 아니다. 그저 비슷하게 다가갔고 이미 하나의 해석, 그것에 대한 부정적 해석일 뿐이다. 그저 온전히 하나뿐이고 끝없이 출렁이는 하나의 느낌이 있을 뿐이다. 우리가 좌복 위에 앉아 아주 고요해지면 느끼는 것은 끊임없이 흐르는 삶의 에너지이다.

우리가 이 날 것인 체험을 갖고 하는 일은 개념, 이론, 설명, 묘사 들로 이를 요리하는 것이다. 곧 그것은 우리 머릿속에서 생각되는데, 이는 원래의 체험과는 상당히 동떨어져 있다. 우리는 그 체험의 현존성을 상실한다.

예를 들어 친밀함이란 텔레비전으로 스포츠 경기를 지켜보는 것과 같다. 당신은 농구를 좋아해서 농구에 대해 뭐든지 알 수도 있지만, 텔레비전을 켜면 해설가의 말도 들린다. 그는 마치 당신이 스스로 보지 못한다는 듯이, 지금 일어나는 일을 얘기해 주고 실제로 체험도 바꾸어 놓는다. 해설가들은 경기를 더 짜릿하게 만들거나 어느 한 팀을 응원하면서 보수를 받는다. 우리 마음도 오직 자기만의 감추어진 의제들을 가진 해설가와 같다. 그 해설가만 경기 중계에서 배제한다거나 심지어 그 음성을 줄여 버릴 수는 없을지 모른다. 그러나 그것을 있는 그대로, 즉 우리 마음이 일어나는 모든 일을 요리하는 방식으로 볼 수는 있다. 그 바라봄에서 우리는 날 것인 체험으로 돌아온다.

고독에 접근하기

예컨대, 이 책의 독서와 친밀하다 함은 무엇인가? 첫째, 당신은 당신이 앉아 있음을 알고 몸이 의자와, 발이 바닥과 닿아 있음을 느낀다. 숨을 알아챈다. 어떤 마음챙김의 행위도, 당신의 신체 자세와 호흡과 접할 수 있는 좋은 바탕이다.

그러면 선 전통에서 말하듯이 당신은 그저 읽기만 한다. 눈은 페이지 이쪽저쪽으로 움직인다. 당신은 단어들을 보고 그 의미를 빨아들이

잘 죽는다는 것

며 흡수한다. 물론 일어나는 경향은, 우리가 동의도 하고 반대도 하면서 거기에 말려 들어간다는 것이다. 뭔가가 탁 하고 줄을 건드리면 우리 마음은 새로운 방향으로 날아간다. 우리는 여전히 단어들을 받아들이고는 있지만, 정말로 읽고 있는 것이 아니다. 수행이란 언제 그것이 일어나는지를 알아채고, 그러고 나서 아주 자연스럽게 읽기로 돌아오는 것이다.

그건 경청과도 같은데, 경청은 여러 모로 지금은 잃어버린 기술이다. 많은 불교 선원과 수행 센터에서 공부하는 스님들은 스승이 법문하는 동안 명상 자세로 앉아 있다. 이는 단지 규율의 문제나 획일성만은 아니다. 그것은 경청하는 최선의 방법이기도 하다. 당신은 명상 중에 하듯이 마음챙김하며 앉아 있지만, 지금 성찰 주제는 법문이다. 자신의 마음이 이리저리 떠도는 것을 발견하면, 경청하는 행위로 돌아온다.

친구의 말을 경청하는 것도 이와 전혀 다르지 않다. 종종 우리는 상대방이 하는 말에 온전히 참여하는 대신 그에 대한 반응과 의견, 대답을 지어내는 일에 빠져든다. 그래서 많은 소통이 일어나지 않는다. 그러는 대신 경청에 몰두하면 상대방이 하는 말의 뉘앙스를 빨아들일 것이고, 그러면 당신 자신의 의견은 아주 자연스레 일어날 것이다. 이런 반응이 상황에 좀 더 적절한 듯하다.

우리 마음은 끊임없이 계산을 하고 있다. A에서 B에 이르고 싶고, 야심이 아주 크다면 A에서 Z에 이르고 싶어 한다. 그런데 이 수행이라는 것은 A에서 A에 이르는 것에 관한 일이다. 수행하려면 이 순간에 확장성 있게 접근하면서, 지금 일어나고 있는 일을 그 영역 가득히 체험해야 한다.

우리는 이 순간을 어떤 목표에 이르는 수단으로 생각하는 경향이 있다. '내가 A라는 순간에 이것을 한다면, B라는 순간에는 행복하겠지'라고 생각한다. 그러나 수행에서는 매순간이 수단이며 목표다. A라는 순간의 요체는 그저 A라는 순간일 뿐이다. A라는 순간보다 좀 더 성취감을 느낄 B라는 순간은 없다. 매순간이 절대적 진실이다.

붓다의 가르침은 깨어남이나 해탈에 관한 것이고, 그것은 어떤 목표처럼 들린다. 그러나 거기에 이르는 유일한 길은 당신이 지금 있는 곳에, 절대적으로 이 순간에 존재하여 충만하게 있는 것이다.

예를 들어 종종 남과 친밀했으면 하는 우리의 바람을 조건 짓는 고독의 경우를 보자. 고독은 우리가 그로부터 도망치고 싶어 하는 A라는 점이 된다. 우리는 좀 더 나은 장소에 도달하기를, 이왕이면 고요함과 평화도, 가능하면 깨달음까지도 얻기를 바란다.

고독의 경우, 우리는 종종 우리 자신과 남들 사이에 장벽을 쳐 왔다. 그 장벽은 심지어 해방의 추구일 수도 있다. 인간은 종종 그런 것에 간섭하는 것 같다. 자신을 고립시켜 놓고는 왜 우리는 외로운지를 궁금해한다. 길은 끝까지 달려가 모두를 껴안는 것이 아니라, 구체적인 순간에 무엇이 우리를 분리하고 있는지 보고 그 장벽과 접촉해 들어가는 것이다. 항상 방점은 지금 일어나고 있는 일에 찍힌다.

당신이 좌복에 앉아 있는데 우리가 고독이라 부를 수 있는 느낌이 밀려든다고 해 보자. 그건 단지 이름일 뿐이다. 이 순간의 느낌은 날 것이며 완벽히 고유하다. 어떻게 그것과 친밀해질까? 최선의 방법은, 청소나 독서처럼 어떻게 우리가 그것과 친밀하지 않은지를 보는 것이다.

우리가 고독에서 도망치는 가장 미묘한 방법 중 하나는 그것을 설명하는 일이다. 우리는 우리의 고독을 이해할 이론을 정교하게 만들기 시작하고, 그럼으로써 어느 정도 위안을 찾는다. 사람들은 심지어 그 주제로 책을 쓰기도 했다. 우리는 인류의 본질적 조건에 대해 복잡한 이론을 만들어 낸다. '실존적 고독'이라고. 그것을 갖고 마치 지적인 기념비처럼 뽐낸다.

고독에서 도망치는 또 하나의 방법은 우리 자신의 고독에 대해 일생의 이야기를 들려주는 것이다. 그건 긴 얘기이며, 깊은 감동을 주고, 우리는 그것을 좋아한다. 우리는 경청할 태세가 되어 있는 누구에게나 그 이야기를 들려준다. 아무도 못 찾으면 다시 한 번 자신에게 이야기한다. 우리의 고독에 대한 이야기를 현재의 경험보다 선호한다. 왜냐하면 이야기 속에서는 '내'가 사물의 중심이기 때문이다. 에고는 자기가 스타인 한에서는 이야기를 생생히 유지하기를 즐긴다.

우리는 고독을 정당화하면서 또 도망치기도 한다. 비난할 다른 누군가를 찾는데, 이는 늘 만족스러운 전략이다. 우리는 또 그것을 부정하고 억누르며, 주의를 기울일 다른 무엇을 찾는다. 뭐라도!

고독에 접근할 때는 몇 시간 며칠, 몇 달 몇 년, 도망치려 애쓰는 우리 자신을 지켜보는 오랜 기간을 두고 인내심 있게 해야 한다. 그러다 마침내 고독이 표면에 떠오르고, 우리가 그걸 어찌지 못하는 날이 온다. 우리의 마음챙김이 느낌에 합쳐지고, 생각은 전혀 없다. 우리는 그편을 들거나 반대하지도 못한다. 그저 순진무구한 바라봄만이 있다. 고독을 이해하려면 고독과 소통해야 한다. 고독이 꽃피어나고 꼭 말로만이 아니라 자기 이야기를 하고 시들어 가게 놓아두어야 한다. 그리고 그렇게 하는 빼어난 한 방법이, 좌복에 앉아 배우는 마음챙김이다.

사람들은 처음 마음챙김 수행을 할 때, 그것을 잘못 이해하기 일쑤이다. 사람들은 마음챙김을 체험으로부터 초탈하는 것, 거리를 두는 것으로 본다. 마치 망원경을 갖고 산등성이에 올라 골짜기에서 벌어지는 전투를 내려다보듯이 말이다. 당신은 전투를 보지만 정말 참여하지는 않는다. 상대적으로 안전하다.

내가 이해한 마음챙김은 전혀 초탈하지 않는 것이다. 그건 참여하는 관찰이다. 당신은 산 위에 올라가 있는 것이 아니라 전투가 한창 벌어지는 골짜기에 내려가, 일어나는 일에 완전히 깨어 있는 것이다. 호흡이나 몸속의 느낌에 굴복하는 것과 똑같은 방식으로, 당신은 체험에 굴복한다. 그러나 이 경우 당신은 이른바 고독이라 불리는 복잡한 체험에 굴복하고 있는 것이다. 당신은 개념, 설명, 도피를 가지고 그것을 요리하지 않는다. 그저 그대로 놓아둘 뿐이다.

사람들은 종종 묻는다. 그것이 고독한 것과 어떻게 다른가? 차이점은 얼마나, 어떻게 깨어 있는가 하는 점이다. 당신이 고독감을 느낄 때는 그 고독에 푹 빠져 길을 잃고 갈팡질팡한다. 만약 그 체험이 정말 나쁘다면, 당신은 거기에 납작 짓눌릴 것이다. 그러나 마음챙김 수행을 할 때 당신은 길을 잃은 것이 아니다. 발견된 것이다. 체험 한가운데 우뚝 서서 그 체험에 온전히 생생하게 살아 있는 것이다.

그렇게 할 수 있을 때 발견하는 것은 앞서 언급한 법칙이다. 모든 현상은 무상하다. 거기엔 시작, 중간, 그리고 끝이 있다. 또한 마음챙김의 에너지가 체험을 변환시킨다는 것도 발견한다. 고독 속에 꽁꽁 얼어붙어 있던 에너지를 풀어 주고 그것이 아주 단단하게 보이게 만든다. 그것이 보이기 시작하는 것은 체험이 무상하기 때문이고, 체험들이 모두 우리가 어떻게 해 볼 수 있는 것이기 때문이다. 당신은 마음이 지어내는 모든 것들과 대면해야 한다.

고독의 끝은 그것과 충만하게 소통함으로써 온다. 주체/객체라는 이분법은 무너지고 우리는 그저 고독'일' 뿐이다. 남아서 고독을 유감스럽게 느끼는 '나'라는 것은 없다. 만약 고독이 살아 있는 순간 그것과 함께할 수 있다면, 고독이 꽃피어나도록 허용하고 분리 없이 그것을 사라질 때까지 지켜볼 수 있다면, 고독과 삶에 대해 무언가를 배우게 될 것이다.

고독과 하나됨을 가능하게 하려면 뭔가가 빠져야 한다. 바로 고독이 '나'라는, '나의 고독'이라는 것이다. 고독을 내 것이라고 동일시하면 고독에 열려 있을 수 없다. 명징하게 바라보면, 나와 내 것이라는 생각은 사라진다. 그저 고독이 있을 뿐이다.

이런 방식으로 고독을 알아차리면, 다시 '혼자가 된 상황'에 처하더라도 그때의 고독은 완전히 다른 문제다. 당신은 어쩌다 우연히 혼자 있게 되었지만, 실은 만물과 연결되어 있는 것이다.

그러나 우리는 자아의 공성을 또 하나의 목표, 또 하나의 성취로 삼을 수 없다. 옛 유대의 농담 중에 그에 관한 것이 있다. 유대교 교당의 큰 축일 날, 한 랍비가 들어오더니 회중에게 말했다.

"여러분은 저를 여러분의 랍비, 지도자, 거룩한 사람이라고 생각하지만 저는 여러분이 제가 아무것도 아님을 알았으면 합니다. 저는 아무도 아닙니다. 여기엔 아무것도 없습니다."

그는 이 점을 강조하며 가슴을 쳤다. 모인 사람들은 그가 이렇게 겸손을 보이니 깜짝 놀랐다. 이제 보조 랍비가 그의 자리에 서서 행동에 들어갔다.

"여러분은 '저분'이 아무것도 아니라고 생각하십니까? 아무것도 아닌 건 접니다. 제가 아무도 아닙니다. 저는 저분보다 훨씬 더 작은 존재입니다."

다시금 모인 신도들은 깊이 감동받았다. 이분들이야말로 자기들이 마땅히 강단에 세울 만한 사람들이구나 하고. 마침내는 교당 뒤편에서 문지기까지 제복을 입은 채 자리에서 일어서서 말했다.

"저는 아무것도 아닙니다! 저는 아무도 아닙니다! 저는 제가 바닥에서 쓸어내는 먼지만도 못한 존재입니다."

랍비는 고개를 흔들고, 보조 랍비에게 역겹다는 듯 말했다.

"누가 저 사람을 아무도 아니라고 생각하는지 보게."

친밀함을 수행하는 것은 삶에서 수많은 파문을 낳을 수 있다. 어떤 것은 주요하고, 어떤 것은 소소하다. 몇 년 전 나는 케임브리지에서 가르치고 있었는데 그 당시엔 프랑스 음식이 유행이었다. 지금처럼 패스트푸드 식당에 크루아상이 등장하기 오래전 얘기다. 크루아상을 먹는다는 것은, 심지어 크루아상이라는 단어를 어떻게 발음하는지 아는 것만 해도 그 사람이 유식하다는 느낌을 주었다. 내가 이 친밀함 수행, 체험의 날 것과 함께하는 수행을 가르치고 있는데, 어느 날 한 학생이 와서 말하길 자기는 브리치즈를 안 좋아한다는 사실을 방금 깨달았다는 것이었다. 몇 년 동안 그 치즈를 먹어 왔지만, 그날은 그걸 먹는 체험과 친밀했다는 것이다. 자기는 그 모든 시간을 브리치즈라는 개념을 먹는 데 써 왔다는 것이다.

나는 한국에 갔을 때 어느 정도 이와는 반대되는 체험을 한 적이 있다. 나는 얼마 동안 숭산 선사와 함께 공부했고, 마침내 그는 나와 또 다른 두 학생을 그의 모국에 받아들였다. 나는 한국 음식을 전혀 좋아하지 않았다. 그건 지극히 단조로워, 그저 쌀밥과 김치뿐인 듯했다. 거기선 커피와 케이크도 내놓지 않았다. 아침, 점심, 저녁 똑같은 것을 먹었다. 브루클린 출신의 유대인인 나에게는 짜증나는 일이었다.

우리 미국인들은 먹는다는 체험과 스스로 거리를 두는 방식으로 음식에 대해 농담을 많이 한다. 나는 그중에서도 많이 하는 편이었다. 어느 날 스승이 폭발했다. 그는 말 그대로 나에게 벽을 보고 서라고 하더니 소리쳤다.

"너는 어디 있느냐?"

"한국에 있습니다."

"바로 그렇다."

그의 말뜻은 내가 한국에 '있다'는 것이었다. 마침내 내가 뭔가 다른 것을 기대하길 멈추고 그저 거기 있는 것을 먹었을 때, 나는 내가 실제로는 그 음식을 좋아한다는 것을 알게 됐다. 지금은 한식이 내가 즐겨 먹는 음식 중 하나다.

좀 더 가슴에 사무치는 예는 아버지가 알츠하이머병에 걸려 특별 요양원에 있을 때, 그러니까 그의 삶이 거의 끝나갈 무렵에 일어났다. 처음 육 개월 동안은 아버지를 보러 가는 것이 아주 힘들었다. 나는 그의 예전 모습, 명료하게 생각하고, 지적이고, 지극히 빈틈없었던 모습과 현재의 그를 비교하고 있었다. 그 모습이 계속 우리 부자 사이에 끼어들었다. 게다가 나는 알츠하이머병에 대해 많은 자료를 읽었던지라, 아버지의 상태가 무엇인지에 대해 복잡한 이미지를 갖고 있었다. 나는 그를 나의 늙은, 깊이 상처받은, 사랑스러운 아버지로 보는 대신 계속 알츠하이머 환자로 보고 있었던 것이다.

마침내 나는 내가 뭘 하고 있었는지 깨달았다. 나는 아버지와 함께하고 있지 않았던 것이다.

그 뒤로도 아버지를 찾아뵙는 것은 여전히 힘들었다. 하지만 예전과는 달랐다. 이제는 그날그날 아버지의 있는 그대로의 모습을 보게 된 것이다. 그리고 면밀히 보면, 아버지의 병은 내가 상상했던 것보다 더 진행되고 있었다. 그래도 아버지는 행복해 보였다. 아버지를 돌보는 간호사와 간병인들도 여기에 동의했다. 의료 차트를 내려놓으니 비록 그것이 내게 아무 의미가 없기는 했지만 특유의 익살을 부리는 아버지에게 다가갈 수 있었다. 누군가와 함께 웃어야 비로소 그의 말들을 이해하게 된다는 건 누가 한 말이던가?

내가 이야기하는 종류의 친밀함은 비상 상황에서는 얻을 수 없는 것이다. 가장 단순한 일에서 그것이 길러진다. 호흡을 따라가고 그것을 있는 그대로 볼 때. 바깥에서 새가 지저귈 때 그저 그 소리를 듣기만 하라. 걸을 때는 발이 땅에 닿는 느낌을 느끼라. 먹으면서 음식 맛을 제대로 보라. 그러면 당신이 친밀해져야 할 더욱 복잡한 상태 가령, 늙어 감, 병듦, 죽음 같은 것들도 그리 대단하게 보이지 않을 것이다. 당신도 그렇게 할 수 있다. 직접적이고, 자연스럽고, 단순한 방식으로 말이다.

중요한 것은 지금 이 순간이다

많은 사람들이 '친밀함'이라는 말을 인간관계와 연결 짓는다. 내가 말한 모든 원칙들이 그 영역에도 적용될 수 있다. 몇 년 전에 정신과 의사 로널드 랭이 쓴 책에서, 오직 마음속에 다른 여인의 모습을 떠올릴 때만 자기 아내를 상대로 성기능이 발휘되는 어떤 남자에 대해 읽은 기억이 난다. 그건 분명 친밀함의 실패 사례일 것이다. 아내의 현재 모습 그대로 함께하는 대신 그가 마음속에 아내의 모습, 지난날 정사의 기억을 떠올린다 해도 그건 마찬가지일 것이다.

　종종 우리는 타인에 대해, 생생한 현재의 진짜 그 사람보다는 우리가 그에 대해 갖는 이미지와 연관 짓는다. 그 이미지들은 과거 행동들이 쌓인 것들이다. 종종 동반자들은 쌍방의 이미지를 붙들고 있어, 한 이미지가 다른 이미지와 연관된다. 그러니 어찌 친밀할 수 있겠는가? 대신에 우리는 상대방을 오늘의 눈으로, 마치 그(또는 그녀)가 매순간 완전히 새로운 창조물인 것처럼 보아야 한다. 그래야 하나의 관계가 계속 생생히 살아 있을 수 있다.

　사람들은 체험과 친밀해지는 수행에 매우 큰 에너지가 드는지 궁금해한다. 우리들 대부분은 일생 마음챙김 없이 이리저리 떠다니기 때문에 이 마음챙김 수행이 기운 빠지는 일이라고 생각한다. 실제로는 그 반대다. 몸과 마음을 알아채기 시작하면, 당신이 습관적으로 사물로부터 멀리 달아나고 있다는 것, 그리고 사물을 회피하고 억누르는 데에 아주 많은 에너지를 쓰고 있다는 걸 알게 될 것이다. 이 모든 교란된 에너지가 우리가 싫어하는 것을 보는 일에 쓰인다면, 우리는 마음이 무한한 힘과 초점을 발휘할 수 있음을 발견하게 된다. 마음은 심지어 늙고 병들고 죽는 두려움까지도 견뎌 낼 수 있다.

사람들은 또 이 수행이 숙명론적이라는 느낌이 들 수도 있다. 우리는 계속 이렇게 말한다. 마치 앉아서 일생동안 고독과 함께하는 것이 요체인 듯이 있는 그대로의 사물과 함께하라. 아니면 집중 수행에 가 앉아 있는데 그 건물에 불이 나 불길이 굴뚝까지 너울대는데 완벽한 명상자라면 거기 앉아 뜨거운 것을 마음챙기며, 지독히 뜨거운 것도 마음챙기며, 자기 살이 타들어 가기 시작한다는 느낌도 마음챙길 거라고 당신은 상상한다.

내가 이야기하는 종류의 명징한 바라봄이란 이보다 좀 더 지적이며, 적어도 지적인 것에 가깝다. 완벽한 명상자라면 건물에서 제일 먼저 뛰쳐나올 것이다. 그는 누구보다도 먼저 연기 내음을 맡고 다른 모든 사람들에게 불났다고 경고할 것이다.

이 수행을 택한다고 해서 당신이 여생 내내 고독만 응시하며 보낼 거란 뜻은 아니다. 당신에게 선택지가 있다는 뜻이다. 사람들은 대부분 자기도 모르게 고독과 두려움 같은 마음 상태의 노예가 되어 있다. 그들은 그런 마음 상태의 공격을 받는다고 느끼며 일생을 보낸다. 일단 이런 마음 상태를 우리가 다루어 볼 만하다고 느끼면, 그것들이 당신을 억누르게끔 놓아 둘 필요가 없을 것이다.

이 수행 속으로 깊이 들어가면 갈수록, 점점 더 당신은 단순해진다. 뭐 재미있는 오락거리나 시간을 보낼 만한 일을 찾을 필요가 없다. 날마다 하는, 특히 당신이 간과하는 경향이 있었던 것들이 지극히 풍부한 체험이라는 것을 알게 될 것이다.

예를 들어 당신이 자연 속으로 나간다면, 온전히 천진무구한 상태의 자연에 다가갈 수 있다. 나무, 바위, 꽃 들이 무언가를 우리에게 가르쳐 주는가? 아무 생각도 없이 완전히 열린 마음으로 그 앞에 서서 거기 있는 것을 볼 수 있는가? 마찬가지로, 음악을 들을 때 우리는 온갖 연상을 하는 경향이 있다. 이 곡을 처음 들었을 때가 기억난다는 둥, 이 곡엔 정말 작곡가가 살아온 삶이 반영되어 있다는 둥, 이 연주는 내가 들은 다른 연주만큼 좋지가 않다는 둥. 문제는 이것이다. 그걸 순수한 소리로만 듣고 그저 호흡을 따라가듯이 아무 해석 없이 따라가기만 할 수 있는가? 그 체험은 많이 다르다.

붓다가 친밀함에 대한 이 가르침을 직접 한 곳은 「지복한 하룻밤 경」(『맛지마니까야』 131)이다. 여기서 붓다는 우리에게 과거에 매달리지도, 미래에 빠져 허우적대지도 말라고 조언한다. 왜냐하면 과거는 이제 더 이상 없고, 미래는 아직 오지 않았기 때문이다. 그렇다고 과거에 대한 생각이 일어나지 않는다는 것이 아니라, 그것이 우리에게 짐이 되거나 미래에 대한 백일몽에 빠져 헤매지 않는다는 것이다.

붓다가 말했듯이 현재에 휩쓸려 가지 않는 것도 가능하다. 이런 일은 우리가 몸이나 마음에서 일어나는 무언가를 우리라고 생각할 때, 그것을 '나'라거나 '내 것'이라고 볼 때 일어난다. 그러면 우리는 과거나 미래에 휩쓸리듯이 현재에 휩쓸리게 된다.

생각 자체가 문제인 것이 아니라 우리가 생각과 어떻게 관계 맺는가가 문제다. 한번은 초보 수행 집단에 속해 있던 한 제자가 통찰 명상으로 곧장 넘어갔으나 그 집단 명상이 끝나자 상당히 불행해했던 적이 있다. 내가 이유를 물으니 그가 답하기를, 자기가 도시 계획 담당자로 일하다 보니 늘 미래에 관해 생각해야만 하기에 어떻게 수행을 계속해야 할지 모르겠다는 것이었다. 그러나 명백한 것은, 어떤 유의 미래 계획은 우리 삶에 중요하며, 우리가 현재에 바탕을 두고 우리가 지금 하고 있는 것이 계획임을 알아차린다면 그것도 충분히 수행의 일부가 될 수 있다는 사실이다.

또한 마찬가지로 내가 이 책에서 과거의 경험을 써내려 갔듯이, 과거의 사건들을 다루는 작가인 제자들도 많았다. 과거와 미래에 대한 생각들이 떠오를 때 그것이 반드시 문제되는 것은 아니다. 마치 우리가 현재에 있다 하여 그것이 마음챙김이 되고 있다는 보장은 아닌 것처럼 말이다. 그것은 이런 마음속 사건들과 어떤 관계를 맺는가 하는 문제이다.

붓다에게 한번은 어떤 방문객이 찾아와, 왜 그 문하에서 수행하는 승려들은 그리도 평온하고 환히 빛나 보이는지 물은 적이 있다. 붓다는 그들이 미래도 동경하지 않고 과거를 되살리려 애쓰지도 않으며 현재에 지속적으로 머문다고 말한다. 그처럼 현재에 지속적으로 머물 수 있는가가 관건이다. 지금 이 순간은, 올바르게 접근만 한다면 실제로 우리에게 자양이 된다.

그 자양을 찾는 방법이란 단지 사물을 있는 그대로뿐만 아니라 지혜로써 바라보는 것을 실천하는 것이다. 빠알리어 단어로는 '사띠빤냐'이다. 당신은 지금 일어나고 있는 일과 함께 여기 있지만, 그것과 자기를 동일시하지 않는 것이다. 당신은 그저 지극히 주의 집중할 따름이다. 만약 한 순간만 부주의하더라도 '나'는 다시 생겨난다. 그러나 그때 당신은 그것을 보고, 있는 그대로의 사물로 돌아온다. 붓다가 말하는 이상적 고독이라는 것은 '나'라는 놈이 떨어져 나가고 당신이 단지 무엇이 일어나고 있든 그것에 열려만 있다면, 심지어 군중 속에서도 얻을 수 있다.

현재와 친밀해지기를 수행하는 또 하나의 방법은 함께 존재함, 즉 수많은 것들이 우리를 지탱하기 위해 함께한다는 것에 관해 숙고하는 것이다. 일본에서 내가 선 수행을 할 때 명상자들은 서로에게 절을 함으로써 함께 존재함이라는 사실을 인정한다. 예를 들어 좌선 후에 그들은 좌복을 향해 또 건너편에 있는 명상자들을 향해 절을 한다. 당신이 여기 있어서 내가 수행할 수 있다고 그들은 말한다. 남들이 견디는 것을 보면 우리 명상에 도움이 된다. 명상자들은 또 불상과 법당 전체에도 절을 한다. 그들은 화장실을 향해서까지도 절을 한다. 그들이 화장지를 향해 절을 할 수도 있다.

나는 가끔 제자들에게 긴 집중 수행에 관해 이런 질문을 한다. 어느 것이 더 중요한가? 스승인가 화장지인가? 만약 내가 며칠 간 사라진다 해도, 당신들은 꽤나 잘 해낼 것이다. 당신들은 행선과 좌선법을 알며, 따라야 할 일정표도 있다. 하지만 만약 화장지가 없어진다면? 그건 재앙일 것이다.

선에서 가장 사랑받고 유용한 가르침 중 하나는 도겐의 책『요리사의 교훈』이다. 그는 선원에 있는 사람들을 위해 이 가르침을 썼다. 그러나 그의 교훈이 가장 유명한 것은, 이것이 너무나 직접적으로 삶의 모든 면에 적용되기 때문이다.

그 책에서 그는 젊은 시절 스승을 찾아 중국을 여행했던 일을 얘기하는데, 도착하자마자 어느 선원의 공양주를 만난다. 이 예순한 살 먹은 비구는 승려들을 먹일 특별한 국에 넣을 버섯을 사러 20여 킬로미터를 걸어왔다. 둘이 이미 법담을 나누었으나 도겐은 계속 이야기하고 싶었다. 그래서 도겐은 그에게 돌아가지 말고 그냥 여기 머물면서 다른 사람에게 공양 준비를 시키면 안 되겠느냐고 묻는다. 그 스님은 그런 제안을 받고 웃더니 이렇게 말한다.

"외국에서 온 좋은 친구, 당신은 수행이 무엇인지 이해하지 못하고 있군요."

도겐은 마치 법 공부가 중요하고 음식 준비는 중요하지 않은 양, 마치 선원장 스님은 중요하지만 음식을 하는 공양주는 중요하지 않은 양 행동했던 것이다. 하지만 중국에서는 그리고 훗날 도겐이 일본에 세운 선원에서도 공양주가 된다는 것은 크나큰 영예였다. 선원의 공양주는 수행이 충분히 익은, 나이 지긋한 사람이었다. 공양간에서 점심을 준비하는 것은 법당에 앉아 좌선하는 것보다 열등한 일로 여겨지지 않았다. 그것도 좌선 못지않은 수행이었다.

마찬가지로, 도겐은 그의 공양주에게 공양간에서도 구분을 하지 말라고 가르쳤다. 그는 선원을 방문하는 내빈들이 먹을 맛있는 크림수프를 끓일 때나 남은 채소를 모아 살짝 데쳐 국을 끓일 때나 똑같이 주의를 기울이라고 공양주에게 말했다. 도겐은 실제로, 채소들이 당신 자신의 눈알인 양 주의 깊게 다루라고 말했다. 시들고 데쳐진 채소가 무엇이 본래 중요하랴마는, 그 순간에는 그것이 당신의 삶이라는 얘기다. 무엇을 하건 그 일을 전적으로 존중하고 거기에 주의를 기울여야 한다.

때로 우리는 시간을 몇 가지 범주로 나눈다. 일할 시간, 운동할 시간, 먹을 시간, 동반자를 위한 시간, 자녀들을 위한 시간, 그리고 마지막으로 희망사항은 자신을 위한 약간의 시간이다. 그러나 법다운 태도는 모

잘 죽는다는 것

든 시간이 당신 자신을 위한 시간이라는 것이다. 아무리 하찮은 일이라도 지금 무엇을 하고 있건, 그 일은 다른 모든 일에 똑같이 중요하다. 어떤 시간도 낭비한 시간이 아니다.

불교 경전에서는, 만약 우주에서 티끌 한 톨만 덜어내도 전체가 무너질 것이라고 말한다. 이것이 법다운 태도이다. 절대적으로 모든 것이 중요한 것이다.

명상하는 사람으로서 젊은 시절에, 나는 죽음과의 만남을 두 번 겪었는데, 그 만남은 친밀함 수행과 관련이 있다. 내가 한국에서 어느 선원에 머물고 있을 때 비구니 스님 한 분이 세상을 떠났다. 매우 인상적인 의식이 거행되었다. 모든 비구와 비구니들이 줄지어 언덕에서 함께 걸어 내려왔고, 시신을 다비하는 동안 그들은 염불을 했다. 다비식이 거행되는 동안 내 옆에 앉아 있던 선사가 흐느껴 울었다. 그는 정말 통곡을 하고 있었다. 나는 그가 그러는 게 거북했다.

그 당시 나는 저자가 앨런 와츠던가, 아무튼 문고본으로 된 선에 관한 견해를 담은 책을 읽고 있었다. 나는 선 수행을 하는 승려들이 평온하며 모든 체험을 완벽하리만치 침착하게 받아들인다고 상상했다. 그래서 다비식에서 그 장면을 보고 마음이 흔들렸다. 나중에 줄곧 통곡하던 그 승려와 면담을 신청하여 그 애기를 꺼냈다. 그는 껄껄 웃음을 터뜨렸다. 그는 설명하기를, 자기는 그 비구니 스님과 동시에 선원에 들어왔고 수년간 그와 아는 사이였다는 것이다. 그는 그 비구니 스님이 보고 싶을 만도 했다. 그래서 그 스님의 다비식에서 깊은 슬픔을 느껴 그것을 있는 그대로 표현한 것이었고, 그걸로 그만이라고 했다.

몇 년 뒤 내가 아잔 수와트 문하에서 공부하고 있을 때 아잔이 말하길, 자기는 스승과 너무나 가까웠다는 것이었다. 특히 젊었을 때 저분이 죽으면 어떡하나 하고 생각해 본 적도 있었다고 했다. 그는 상당히 두려웠다고 했다. 그러나 수행이 점점 깊어졌고, 실제로 스승이 죽자 그는 깊은 사랑과 더불어 완벽한 평온함을 느꼈다. 그는 스승도 다른 현상처럼 무상한 현상이었음을, 그리고 죽음으로써 스승도 그 피할 수 없는 법칙에 따랐음을 이해했다.

다시금 나는 슬피 울던 한국 승려에 관해 갸우뚱했다. 나는 아잔 수와트에게 그 이야기를 들려주었고, 그는 주의 깊게 귀담아 들었다. 마지막에 그가 말했다.

"그의 이해가 좀 더 깊었더라면, 그렇게 행동하지 않았을 텐데."

나는 확실히 모르겠다. 둘 중에 골라야만 한다면, 첫 번째 승려의 반응이 좀 더 진정성 있게 보인다고 말하련다. 그러나 두 행동이 그 순간의 진실을 표현하는 한, 둘 중 어느 행동이 더 우월하다고 생각지는 않는다. 중요한 것은 애도 같은 상황을 다루는 방법에 관한 이상형을 갖는 것이 아니다. 만약 당신이 평온하다면, 그 평온함을 느끼라. 만약 슬프다면, 그 슬픔을 느끼라. 두 느낌 다 완벽한 진정성을 지닐 수 있다.

어떻게 보면 이 수행은 초심자에게나 고급 과정의 수행자에게나 똑같다. 당신이 할 수 있는 것은, 있는 그대로의 체험에 진실한 것이다. 한번은 케임브리지 명상 센터에서 스승과의 면담 시간에 앉아 있는데 몹시 흥분한 한 남자가 들어오더니, 자기가 방금 깨달음의 체험을 했다는 것이었다. 그는 그것을 아주 상세히 묘사했다. 스승이 그 말을 듣더니, 할 수 있는 한 친절한 어조로 물었다.

"지금 바로 그 체험을 내게 보여 줄 수 있습니까?"

그 체험이 과거에 일어났다면 그가 더 이상은 정말로 그 체험을 한 것이 아니라는 것을, 그는 그 제자에게 알려 주고 있었다. 중요한 것은 지금 일어나는 일이다.

우리는 종종 살면서 이것저것에 대해 느낌이 든다. 이것이 여기 있지만 않다면 난 행복할 텐데. 내가 두렵거나 화가 났거나 외롭지만 않다면, 설거지를 해야 하는 것만 아니라면, 혹은 쓰레기를 내다 버려야만 하는 것이 아니라면, 혹은 내 소득세 계산을 해야 하는 것만 아니라면, 늙지만 않았다면, 아프지만 않다면, 언젠가 죽을 수밖에 없는 것만 아니라면. 하지만 그런 일들은 여기에 있다. 이것이 있는 그대로의 상황이다. 그중 어떤 것도 수행을 못하게 하지는 않는다. 행복한 것을 막지도 않는다. 당신이 그것을 가지고 어떻게 하느냐 하는 것이 차이를 만든다.

할 일은 항상 똑같다. 완전히 그것에 몰입하라. 친밀해지라.

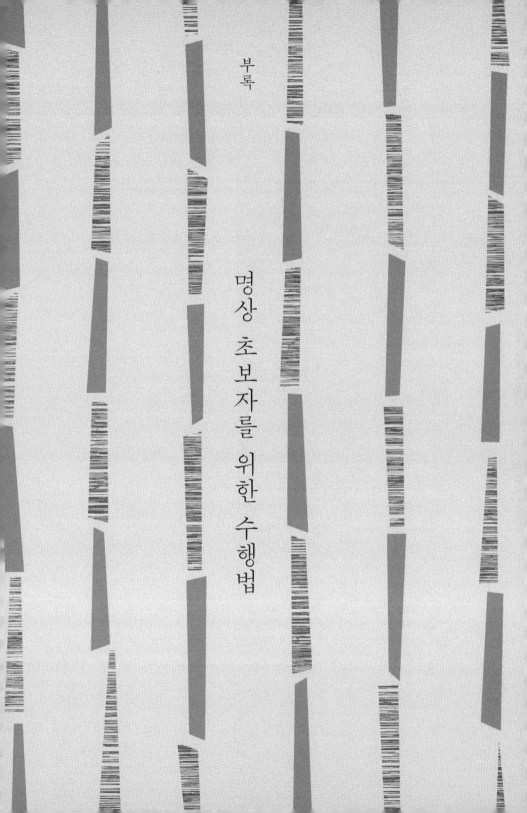

부록

명상 초보자를 위한 수행법

깜깜한 어둠에 덮여 있으면서 그대들은 왜 등불을 찾지 않는가?

-붓다 (『법구경』)

내가 지도하는 명상법은 호흡 알아차림을 수행의 주춧돌로 삼아 그를 통해 두 단계, 사마타와 위빠사나 혹은 다른 말로 하자면 정(定), 혜(慧)를 닦는 것으로 볼 수 있다.

이상적으로 초점을 맞출 만한 대상은 호흡이다. 호흡은 어떤 주문 같은 것이 아니다. 호흡에는 어떤 문화적 함의나 다른 연관 사항도 없다. 어떤 물리적 대상이어서 당신이 일정 장소에 있어야 한다거나 휴대하고 다녀야 하는 것도 아니다. 호흡은 단순하며 늘 우리와 함께한다. 우리는 모두 항상 숨을 쉰다. 명상하며 앉아 있을 때만이 아니라 하루 종일 어느 때든 숨을 알아챌 수 있다. 호흡은 언제나 현재에서 일어난다. 그것은 지금 이 순간으로 들어가는 문이다.

호흡 알아차림을 제대로, 격식을 갖춘 방법으로 수행하기 위해서는 명상자가 조용한 곳을 골라 긴장하지 않은, 그러나 똑바르게 앉은 자세 즉 가부좌를 한다. 척추뼈가 곧추 서 있도록 돕기 위해 방석 위의 엉덩이 부분에 쿠션을 더 놓기도 한다. 혹은 좌식형 의자에서 무릎을 꿇거나(가부좌가 안 되는 사람의 경우 - 옮긴이) 발을 바닥에 대고 의자에 바르게 앉는다. 이 모든 자세에는 세 발 달린 의자처럼 안정을 유지하게 하는 세 가지 요점이 있다. 몸을 똑바로 세우되, 군대식으로 엄격하게 하지는 말고 긴장을 푼 자세로 하며, 허리를 똑바로 펴는 데 필요한 만큼의 에너지만 쓰면 된다.

그 다음에 주의를 호흡에 둔다. 배꼽이건 가슴 부분이건 배이건 당신에게 호흡이 가장 생생하게 느껴지는 곳에 주의를 가져간다. 어떤 특별한 방법으로 숨 쉬려 애쓰지 않는다. 단순히 있는 그대로, 호흡을 관찰만 한다. 들숨은 아마 짧게 들이쉬고, 날숨은 좀 더 길게 내쉴 것이다. 숨 쉬지 않으면 우리 중 누구도 살아남지 못할 이 단순한 과정을 알아챈다. 일부러 '호흡하는' 게 아니라, 호흡이 일어나게 두는 것이다. 당신은 이미 진행 중인 자연스런 호흡 과정에 굴복하는 셈이다.

호흡을 따라가는 행위는 상당히 심오하여, 말 그대로 일생 일대작일 수도 있다. 지켜보면 볼수록 호흡은 하나의 온전한 세상이며 자신 안으로 들어가는 우주요, 몇 달 몇 년 동안 숨을 따라가다 보면 우리가 점점 더 깊어진다.

어떤 숨은 길고 어떤 숨은 짧다. 때로는 호흡이 가슴에서 일어나는 듯하고 때로는 더 아래쪽으로 내려가 아랫배에서 일어나기도 한다. 때로는 호흡이 짧고 딱 붙고 제한된 것처럼 느껴지고, 또 때로는 아무 노력도 들지 않으며 매우 깊기도 하다. 호흡은 비단처럼 부드러울 수도 있고 거칠고 조야하기가 올 굵은 삼베 같을 수도 있다. 이 모든 변용은 가능하며, 심지어 단 한 번 앉는 공간에도 그 중간의 수없는 다른 호흡들도 있다. 호흡이라는 단순한 행위에는 엄청난 변용이 있다. 두 번의 숨이 똑같은 경우는 없음을 결국 당신은 깨닫게 된다.

물론 인간의 마음은 살아 있는 악기라서, 호흡을 따라가는 것 말고도 하고 싶은 것이 많다. 우리들 대부분은 가만히 있지 못하고 꽤나 산만하다. 호흡을 따라가는 일같이 단순한 일을 하느라 노력해 보면, 비로소 우리가 얼마나 산만한지를 알게 된다. 우리 마음은 호흡을 따라가는 것 말고 다른 일을 하고 싶어 한다. 온갖 일들이 떠오른다. 그러한 정신 활동은 문제가 아니다. 그건 발견이다. 당신의 마음이 정말로 어떤지를 보고 있는 것이다.

하지만 이 수행 단계에서, 당신은 그러한 황폐함을 자세히 보고 싶지 않다. 마음이 멀리 헤매고 있는 것이 보이면, 그것을 알아채고 그리고 비난도 판단도 하지 말고 호흡이라는 단순한 행위로 돌아오라. 호흡에서 달아나 딴 생각을 하다가 호흡으로 돌아오는 일을 반복할 수도 있다. 수행이 진전을 보일 때는 점점 더 오래 호흡과 함께 머물 수 있게 될지도 모른다. 어떻게 하고 있든 상관없다. 이것은 무슨 대회 같은 것이 아니니, 분투할 마음을 먹지 않아도 된다. 대신, 알아차리지 못함을 알아차리는 것이 그 자체로서 가치 있는 수행임을 경험하라. 호흡으로부터 멀리 떠나 헤매는 것은 실수라거나 나약한 성격을 나타내는 신호가 아니다. 단지 호흡만 따라가고, 멀어진 것을 알아채면 돌아오라.

사마타 수행의 요점은 우선 마음을 가라앉히는 것이다. 그러나 물론 그렇게 하면서 떠오르는 것을 알아차리지 않을 수 없고, 때로는 몸의 어떤 통증, 화나 두려움 같은 마음의 어떤 상태가 자꾸만 돌아오는 것을 알아차리게 될 것이다. 마치 이 한 가지가 계속 호흡으로부터 멀어지게 당신을 부르기라도 하는 것처럼 말이다.

이렇게 어떤 한 가지가 계속 문제가 되면 비록 호흡 수행의 초기 단계라 해도 잠시 숨을 제쳐 두고, 그 한 가지에 주의를 기울일 수도 있다. 호흡에 초점을 맞춰 온 것과 같은 방식으로 숨에서 멀어지게 한 그 한 생각에 잠시 주의를 기울이면 보통 그것을 차분히 가라앉히고 덜 집요하게 만드는 효과가 있다. 일단 그 짐을 좀 덜고 나면 호흡으로 돌아가도 좋다.

초심자들은 흔히 얼마나 오래 앉아야 하느냐고 묻는다. 정해진 건 없다. 내가 지도하는 초급반은 10주 과정인데, 나는 처음에 약 15분간 앉게 하고, 그러다 한 시간까지 차츰 좌선 시간을 늘리곤 하는데, 이는 사람들이 집에서도 거의 날마다 좌선 수행을 하는 것을 전제로 한 것이다. 집중 수행에서는 1시간 앉는 경우도 있기는 하지만 대부분 한 번에 45분간 앉는다. 처음 온 사람들은 그들이 자기 한계라고 보는 시간을 조금 초과하여 앉도록 격려한다. 아무 도전도 없으면 그들은 흥미를 잃을 것이고, 도전이 너무 혹독하면 그들은 낙담해서 수행을 중단해 버릴 것이다.

그러나 아무리 오래 앉아도, 앉는 시간이 끝났다 하여 마음챙김이 끝난 것이어서는 안 된다. 수행의 진짜 요점은 매사에 똑같은 종류의 주의를 기울이는 것이다. 앉아 있을 때 호흡에 주의를 기울이는 것과 똑같이 샤워할 때, 아침 먹을 때, 가족과 말할 때 주의를 기울여야 한다. 앉아서 호흡을 따라가는 것은 아주 단순한 일이기 때문에 어찌 보면 우리가 할 수 있는 가장 쉬운 일일 수도 있다. 우리의 진짜 목표는 하루를 구성하는 모든 활동에서 가능한 한 마음을 챙기는 것이다.

사람들은 또 얼마나 오래 이 수행의 첫 단계를 따라야만 제2단계로 넘어갈 수 있는지 묻는다. 그것도 정해진 건 없다. 내가 보통 말하는 것은 합리적으로 숨 쉬기에 능숙해질 때까지, 어느 정도 차분함과 안정을 얻을 때까지 계속 호흡을 따라가야 한다는 것이다. 그렇다고 다른 일들이 떠오르지 않는다는 말이 아니라, 떠오른다 해도 당신이 그것을 매우 빨리 알아차리어 호흡으로 돌아갈 수 있다는 말이다. 생각들은 여전히 거기 있을지도 모르지만, 당신은 생각들이 오가게 놓아두면서도 그 생각에 말려들지 않을 수 있다는 것이다.

10주간의 초급반에서, 7~8주 정도면 2단계로 넘어갈 수도 있다. 참가자들이 하루 종일 명상하는 9일간의 집중 수행에서는 사나흘 지나면 2단계로 넘어가는데 이때 나는 늘 사람들에게 방향 전환을 할 필요가 없다고 알려 준다. 만약 그들이 계속 호흡을 하면서 가고 싶다 해도, 아무 문제없다고.

호흡을 따르는 것은 유치원 생활이 아니다. 이미 말했듯이 그건 정말로 심오한 수행이며, 하면 할수록 더욱 더 깊어진다. 계속해야 한다는 어떤 강요도 느껴서는 안 된다. 의식 있는 호흡은 깨달음으로 가는 길 내내 도움이 될 수 있다.

두 번째 단계는 훨씬 더 넓은 들판으로 통하는 문을 열어 준다. 궁극적으로 그것은 일종의 한계 없는, 그야말로 무한한 주의 집중을 향해 열려 있다. 이 스타일의 명상에서는 좌선을 시작할 때는 호흡에 초점을 맞추지만 일단 어느 정도의 평정에 이르면 몸과 마음, 주변에서 일어나는 어떤 일이건 그것에 주의를 열어 놓는다. 숨 전체를 아예 제쳐 놓는 사람도 있지만 당신은 호흡을 일종의 닻으로 삼아도 좋다.

이제 당신은 예전에는 당신의 주의를 산만하게 했던 것들, 당신을 호흡으로부터 멀리 떼어놓고 있던 모든 현상들에 대해 활짝 열리고 있다. 전에는 그것들이 배경에 있고 호흡은 전면에 있었다. 이제 어쩌면 그것들이 전면에 있고 호흡은 배경에 있다. 아니면 수행이 점점 더 미묘해지면서 전면도 배경도 없다. 있는 것은 그저 모두 한꺼번에 일어나는 모든 일뿐, 통일된 장(場)뿐이다.

분명히 소리가 있을 것이다. 당신이 있는 곳 거의 어디든, 심지어 조용하다고 생각되는 수행처에도 방 안팎에 소리들이 있을 것이다. 몸속에 감각들이 있을 것이다. 통증이나 긴장감, 이완감이나 안도감. 냄새도 있을 것이고, 불어오는 산들바람도 있을 것이다. 생각들도 있을 것이다. 숨을 따라가고 있을 동안에는 사고 과정에 말려들고 싶지 않겠지만, 분명 생각들이 마음을 뚫고 지나가는 것이 보일 것이다. 마음속 생각과 몸속 느낌 둘 다로 이루어진 두려움이나 슬픔같이 복잡한 감정 상태도 있을 것이다.

이 모든 현상들이 오가는 것을 지켜보는 것은 호흡을 따라가는 것보다 더 복잡하다. 호흡을 지켜봄으로써 당신은 좀 더 복잡한 이 수행에 대한 준비가 되었다. 때로 그것은 너무 복잡하게 보일지도 모른다. 너무 많은 것들이 떠오른다거나, 당신이 계속 생각에 빠져 있다면 마음이 안정될 때까지, 아니면 앉아 있는 남은 시간만이라도 호흡으로, 다만 호흡 몇 번으로라도 돌아가는 것이 좋다. 그건 패배가 아니다. 그저 지혜이다. 사물들이 당신에게 어떤지, 또 수행의 최선의 길은 무엇인지 보는 것이다.

전혀 복잡하거나 어렵지 않다. 숨을 따라가면서 당신이 진정 배우고 있는 것은 마침내 아무것도 안 하는, 그저 있는 그대로의 당신으로 존재하면서 체험이 다가오게 하는 상태가 될 때까지 점점 덜고 덜어 내는 기술이다. 아무런 산만함도 없다. 당신은 현재의 체험을 있는 그대로 마음챙긴다. 특별한 아무것도 일어날 것 같지 않다. 그저 그것이 거기에 있기에 당신은 거기 있는 것에 다가갈 뿐이다. 지금 이 순간의 삶이다. 우리는 항상 환경을 바꾸고, 상황을 개선하려고 애쓰는 등, 늘 무슨 일을 하는 것이 습관처럼 되어 있다. 그러니 아무것도 안 한다는 것이 힘들게 보일 만도 하다. 실제로는 이보다 더 쉬운 일이 없다. 그저 앉아서 세상이 당신에게 오게 하는 것이다.

.시간이 가면 당신은 사마타와 위빠사나 이 두 단계가 쉬우냐 어려우냐, 기초냐 고급이냐 하는 문제가 아님을 알게 될 것이다. 이 둘은 그저 수행의 두 길이다. 사마타가 적합한 때가 있고, 위빠사나가 적합한 때가 있다. 처음에는 그것을 하나의 기술로 보고 시작하여, 숨으로부터 좀 더 넓은 초점으로 계속 나아가거나 때로는 다시 숨으로 돌아가겠다고 결심하게 될 것이다. 사마타와 위빠사나는 마치 오른손과 왼손이 협력하듯이 함께 작용한다. 침착하고 꾸준한 마음[사마타]으로 좀 더 통찰력 있게 볼 수가 있다. 또한 통찰[위빠사나]은 마음을 차분하게 가라앉혀 준다. 앞뒤로 움직이는 데 반드시 바른 길이란 없고 완벽한 길도 물론 없다. 이는 완벽이라는 것이 가능한 영역이 아니다. 알아차림 수행은 해도 해도 끝이 없다. 알아차림 수행은 당신의 여생 내내 도움이 될 것이다.

삶의 빛이 되는 죽음

「옛 시절 여인들의 발라드」라는 15세기 시인 프랑수아 비용의 시 후렴
구를 읽어 본다.

> … 왕자여 묻질 마오. 한 주 가고 한 해 가면
>
> 이 여인들 어디에 있느냐고
>
> 내 드릴 것 오직 이 후렴뿐
>
> 지난날의 눈〔雪〕들은 어디에 있는가?

군이 유럽의 프랑스까지 가서 여인들 이름을 열거할 것이 무엇이랴.
인목대비는 지금 어디에 있는가, 장희빈은 어디에 있는가, 혜경궁 홍씨
는 어디에 있는가, 세종대왕은, 단종은….

모두가 죽었다. 저자가 어느 날 옛날 영화를 보고 문득 저 안의 많은
출연자들과 상영에 관여한 모든 사람들, 심지어 극장에서 팝콘을 파는

사람까지 이젠 죽고 없다고 새삼 느꼈듯이… 인간의 삶은 유한하다. 그걸 부정할 사람은 없겠지만 마치 모두들 영원히 살 것처럼 행동한다.

갑작스런 지인의 사라짐은 충격이고 슬픔이다. 그가 없는 빈자리는 무한한 공동과 침묵만을 남긴다. 이는 다른 어떤 것으로도 대신할 수 없다.

영화 〈베로니카의 이중생활〉의 한 장면이 생각난다. 죽은 베로니카의 관 위에 흙이 한 삽 한 삽 덮이더니 그만 암전이 되어 버린다. 그걸 망자의 시각(그런 게 있다면)에서 찍었다. 그대로 끝이란 말인가. 아 그 검은 색….

유독 발랄하던 내 친구가 먼 대륙에서 아직 죽음을 생각할 나이 이전에 불의의 사고로 죽어 그 재가 바닷물에 떠내려가고 그의 존재가 끝나 버렸을 때 진작 이를 실감했지만, 죽음은 모든 것을 – 우리가 현생에서 쌓아 올린 모든 걸 – 무로 만들어 버린다.

지금 살아서 이 책을 번역하고 후기를 쓰는 것도 매순간 죽음을 비껴 살아남은 덕이다. 나는 매순간 죽고 있다. 어디서든 그러하다.

> 우리는 죽음으로 우리를 위협하는 수천 가지 조건 속에서 생명을 유지하고 있다. 우리의 생명력은 바람 앞의 촛불처럼 지속된다. 사방 팔방에서 불어오는 죽음의 바람에 우리 삶의 촛불은 쉽게 꺼진다.
> (나가르주나『보만론』본문 중에서)

더구나 병을 앓으면서 나는 다행히 자판은 칠 수 있었기에 이 책을 번역하게 되었고, 내게 이 번역 작업은 힘들기도 했지만 많은 위로와 가르침이 되었다. 후기를 쓰는 지금 조금씩 좋아져 가고는 있지만 언제 또 죽음의 어둠이 덮칠지 모른다. 이건 내 얘기만이 아니라 살아 있는 모든 생명체에게 해당되는 얘기다. 몸은 늙어 가고 언젠가 무너지게 마련이다.

> 병은 한 사람의 삶에서 이런 식으로 전환점이 되는 경우가 많다. 병은 우리에게 사물을 좀 더 깊이 들여다볼 기회를 준다. (본문 중에서)

내 것이 아니라고 짐짓 생각하지만 사실은 내 것인 죽음, 살아 있는 아무도 피할 수 없는 죽음을 다룬 이 책은 독자를 일단 겸허하게 한다. '죽음 알아차림' 수행을 하면 이런 두려움을 몰아내는 데 도움이 되고 죽음을 마주 대할 수 있게 되고, 죽음도 그 실체랄 것이 따로 없는 무상한, 형성된 것임을 알게 된다는 것이다.

> 우리가 정말 죽는 것을 두려워하는 게 아니라, 죽는다는 '생각'을 두려워하고 있다는 것이다. (본문 중에서)

정말이지 죽음은 오랜 길의 끝에서 우리를 기다리고 있는 것이 아니라 '매순간' 우리와 함께 있다. 내게 이 책의 번역 작업은 참선 때 스님이 내려치는 죽비와도 같았다. 나도 저자의 한 스승이 했던 말처럼 이렇게 말할 수 있을까.

> 오, 난 그저 노년이 찾아오는 걸 지켜보기만 한다오. 거의 매일매일

잘 죽는다는 것

기억이 해체되는 것을 보지요. (본문 중에서)

정말 그와 같은 상태가 되어서도 알아차림을 유지할 수 있을까. '현재의 체험을 있는 그대로 마음 챙긴다.'는 것이 과연 말처럼 쉬울까. 두고 볼 일이다. 그러나 한 가지 확실한 것이 있다.

삶의 순간순간 속에서 죽음을 의식하고 알아차리는 것은 결코 삶을 어둡게 만들기는커녕 훨씬 더 생생하고 풍부하게 한다는 것이다. 죽음 알아차림은 무상 알아차림이다. 이 책은 죽음 알아차림에 대한 책이다. 죽음 알아차림이란 수행에서 나오는 당연한 결과요 그 과정이기도 한 것이다. 결국 자아란 것의 죽음이다.

다가올, 혹은 다가와 있는 노화와 죽음을 어떻게 맞아들여야 할지 불안해하고 대책을 찾는 우리 모두가 꼭 볼 만한 책이다. 임상적이고 실증적이고 사례 중심인 죽기 전까지의 치료 이야기, 요양원 이야기, 그런 것이 아니라 좀 더 깊은 차원에서 그러하다. 다 읽고 나면 죽음과 노화가 두려워할 일이 아니라는 걸 알 수 있고 그것들과 좀 더 '친밀'해질 수 있을 것이다. 본문에도 있지만 "어떤 일이 이보다 더 우리와 가까울 수 있을까?"

원제인 『죽음의 빛 속에서 살기(Living in the light of death)』는 그런 뜻에서 쓰였다. 죽음의 빛 속에서 사는 것이야말로 참되고 충만한 삶인 것이다.

우리는 병들어 늙고 죽는다는 것에 대해 겉으로 드러나게 느껴지지 않는 두려움을 엄청 많이 품고 있다. 그 이유 중 하나는 그것을 피하고 억누르는 데 너무 많은 에너지를 쓰고 있기 때문이다. 내가 … 스승들과 했듯이 이 두려움을 키우고 마주보면 우리 삶은 크게 고양된다. 정말로 죽음과 직면하면, 우리 삶을 고마워하고 완전히 새로운 방식으로 선용하게 된다. (본문 중에서)

이것이 이 책을 요약하는 내용일 것이다. 죽음의 반짝이는 빛은 우리 삶을 해방시킬 수 있다. 죽음이라는 일이 일어날 때 그것을 피하지 말고 그 자리에 있으면 된다.

그렇다. 무한한 생명의 커다란 바다에 물결 한 자락처럼, 작은 불빛처럼 잠시 명멸하다 가는 것이 우리 삶이다. 옛날에 아프다가 돌아가신 분들, 할머니, 할아버지, 고모를 생각한다. 올여름 이장을 할 때 보니 나를 사랑했던, 내가 사랑했던 그분들은 그냥 한 무더기 뼈로 남아 있을 뿐이었다. 아니 그건 그분들이 아니었다. 남긴 껍데기였다. 그들의 아픔과 통증은 지금 다 어디 있는가? 그 옛날의 눈들은 어디로 갔는가?

이 책의 구절구절이 다 나 자신에게 주는 말이라고 생각하니 더욱 값있고 절실하게 느끼며 번역할 수 있었다. 건강할 때 번역했던 어떤 책보다 빠른 속도로 번역할 수도 있었다.

매일 매순간 죽으면서 죽음을 딛고 '죽음의 빛 속에' 살고 있는 모든 이들, 그리고 죽음의 세계로 건너가 나를 각성하게 해 준, 내게 소중했고 지금도 소중한 여러 사람들에게 이 책의 한국어판을 바친다. 내게 이 번역을 권한 도서출판 나무를 심는 사람들 대표님, 늘 도와주고 힘을 준 가족과 친구들, 원고를 읽어 주시고 귀한 추천의 글을 써 주신 미산 스님께도 감사드린다. 이제 죽음의 빛 속에서 오직 번역할 뿐, 오직 살 뿐이다. 숨 쉴 수 있는 만큼, 할 수 있는 만큼만….

2017년 9월, 긴 여름을 보내고 삽상한 가을바람을 맞으며 옮긴이 씀

感
사
의
말

———

붓다의 가르침에서는 모든 것이 서로 의존하여 생겨난다. 만약 무엇인가 나타나면 그건 일정한 원인과 조건이 있기 때문이다. 이 책도 예외는 아니다. 수많은 것들이 함께 작용하여 이 책이 나오게 되었다. 지금부터 25년도 더 지난 옛날, 지두 크리슈나무르티와 위말라 타카는 나에게, 어떻게 살고 어떻게 죽을 것인가를 배우는 것이 서로 떼어놓을수 없는 일이라고 가르쳐 주었다. 사실, 이 두 가지는 같은 것이다. 그로인해 나는 올바른 발걸음을 내디딜 수 있었고, 고맙게 생각한다.

샴발라 출판사에서 내 글을 편집한 데이브 오닐은 몇 년 전 케임브리지 통찰 명상 센터에서 내가 죽음 알아차림에 대해 했던 일련의 강연 행사에 참석했다. 그는 자기소개를 했고, 내게 이 책이 명상하는 사람들에게 도움 될 만한 토대가 될 수 있다고 알려 주었다. 그리고 내 원고가 지금의 모습을 갖추도록 현명하게 도와주었다.

친애하는 친구 재컬린 베네트는 이렇게 말로 된 강연 내용이 책의 형

잘 죽는다는 것

태로 나올 수 있게 나를 지속적으로 격려해 주었다. 그녀는 또한 가장 우아하고 겸손한 방식으로, 이 기획을 완결하는 데 필요한 재정 지원을 해 주었다.

케임브리지 통찰 명상 센터의 요가 수행자들은 '죽음 알아차림'에 대한 나의 강연 내용을 정확히 받아 적느라 많은 시간을 들였다. 데이비드 기는 이 방대한 분량의 원고를 받아 본래 행사에서 했던 강연의 정신을 그대로 유지하면서도, 솜씨 있게 책으로 묶을 만한 자료로 만들어 주었다. 나의 아내 갈리나는 그 특유의 익살맞고도 애정 어린 방식으로, 언제 컴퓨터 앞에서 물러나고 언제 다시 작업을 시작할지 알 수 있게 도움을 주었다. 아내의 도움은 끝이 없었다.

잘 죽는다는 것

초판 1쇄 발행 2017년 9월 25일

지은이 래리 로젠버그
옮긴이 임희근
펴낸이 이수미
편집 김연희
북디자인 여치 http://srladu.blog.me
마케팅 김영란

출력 국제피알
종이 세종페이퍼
인쇄 두성피엔엘
유통 신영북스

펴낸곳 나무를 심는 사람들
출판신고 2013년 1월 7일 제2013-000004호
주소 서울시 마포구 양화로 156 엘지팰리스 1509호
전화 02-3141-2233 팩스 02-3141-2257
이메일 nasimsabooks@naver.com
블로그 blog.naver.com/nasimsabooks

ISBN 979-11-86361-50-4 03220